M. D. Anitha Devi
K. B. Shiva Kumar

Técnicas avançadas de comunicação encoberta

M. D. Anitha Devi
K. B. Shiva Kumar

Técnicas avançadas de comunicação encoberta

ScienciaScripts

Cover image: www.ingimage.com

This book is a translation from the original published under ISBN 978-613-3-99126-2.

Publisher:
Sciencia Scripts
is a trademark of
Dodo Books Indian Ocean Ltd. and OmniScriptum S.R.L publishing group

120 High Road, East Finchley, London, N2 9ED, United Kingdom
Str. Armeneasca 28/1, office 1, Chisinau MD-2012, Republic of Moldova, Europe
Printed at: see last page
ISBN: 978-620-8-07400-5

Conteúdo

Perfis dos autores 3
RESUMO 4
Capítulo 1 5
Capítulo 2 10
Capítulo 3 31
Capítulo 4 38
Capítulo 5 49
Capítulo 6 56
Referências 64

Dedicado aos meus pais e à minha família

Perfis dos autores

A Sra. **Anitha Devi M D** obteve a sua licenciatura em Engenharia na Universidade Tecnológica de Visveswaraya, Belgaum, em Engenharia Eletrónica e de Comunicações. O seu mestrado em tecnologia é da mesma universidade, com especialização em eletrónica digital e comunicação. Tem mais de 10 publicações em várias conferências/jornais nacionais e internacionais de grande reputação. A sua área de interesse inclui a conceção de sistemas integrados, o processamento de sinais digitais, o processamento de imagens e vídeos, a segurança de redes, a esteganografia, etc. É membro permanente da Sociedade Indiana de Educação Técnica e trabalha como professora assistente no Departamento de Engenharia Eletrónica e de Comunicações do Instituto de Tecnologia Sri Siddhartha, Tumakur

O **Dr. K B ShivaKumar** obteve o grau de licenciatura em Engenharia Eletrónica e de Comunicações, o grau de mestrado em Eletrónica, o grau de MBA da Universidade de Bangalore, Bangalore e o grau de mestrado da Universidade Dravidiana de Kuppam. Obteve o doutoramento em Tecnologias da Informação e da Comunicação na Universidade Fakir Mohan, Balasore, Orissa. Tem 34 anos de experiência de ensino e mais de 80 publicações de investigação em conferências e revistas nacionais e internacionais. Atualmente, trabalha como Professor e Diretor do Departamento de Engenharia de Telecomunicações do Instituto de Tecnologia Sri Siddhartha, Tumakuru. Tem também a responsabilidade adicional de dirigir o Departamento de Formação e Estágios. Os seus interesses de investigação incluem o processamento de sinais, o processamento de imagens, os sistemas de taxa múltipla e os bancos de filtros, bem como a esteganografia.

RESUMO

Os avanços na comunicação digital e na ligação em rede colocaram sérias ameaças à segurança da transmissão de dados. Este facto levou a um aumento significativo do interesse dos investigadores em segurança informática no domínio da ocultação da informação. A abordagem inicial das comunicações seguras consistia na encriptação de dados, designada por criptografia. A criptografia concentra-se na conceção de métodos para mapear os dados originais para alguns dados de aspeto aleatório (encriptação) e, do lado do recetor, recuperar os dados significativos (desencriptação). A ocultação de informação abrange aplicações como a esteganografia, a proteção de direitos de autor para meios digitais e a incorporação de dados. A esteganografia é a arte e a ciência de esconder informações num conjunto de dados do hospedeiro, de modo a que a sua presença não possa ser detectada. A palavra esteganografia tem origem em raízes gregas e significa literalmente "escrita encoberta", sendo geralmente interpretada como significando a ocultação de informações noutras informações. A informação secreta é codificada de tal forma que a própria existência da informação é ocultada. Uma mensagem num texto cifrado, por exemplo, pode levantar suspeitas por parte do destinatário, ao passo que uma mensagem invisível criada com métodos esteganográficos não o fará. A esteganografia é utilizada em vários suportes, como texto, imagens, som e sinais.

Com os avanços no domínio do processamento digital de imagens durante a última década, as técnicas de ocultação de dados de imagens digitais, como a marca de água e a esteganografia, ganharam grande popularidade. As técnicas de marca de água em imagens digitais escondem uma pequena quantidade de dados numa imagem digital que, mais tarde, pode ser recuperada utilizando alguns algoritmos de recuperação específicos para provar os direitos de autor de uma informação digital, ao passo que as técnicas esteganográficas são utilizadas para esconder secretamente uma grande quantidade de dados num meio digital de aspeto inócuo

Capítulo 1

Introdução

A segurança da informação é da maior importância na atual era de rápido desenvolvimento. As informações ou mensagens estão a ser trocadas através de vários tipos de redes. Com o enorme crescimento das redes informáticas e o avanço da tecnologia, está a ser trocada uma enorme quantidade de informações. Uma grande parte destas informações é confidencial ou privada, o que aumenta a procura de técnicas de cifragem mais fortes. A segurança tornou-se uma caraterística essencial para redes prósperas. A comunicação não é segura devido à presença de piratas informáticos que aguardam uma oportunidade para aceder a dados confidenciais.

Na comunicação moderna, são necessários meios especiais de segurança que protejam as nossas informações importantes e privadas de pessoas não autorizadas ou indesejadas. A esteganografia é uma das melhores técnicas de ocultação de informações em meios digitais. Antes da criptografia, não se trata apenas de impedir que os outros conheçam as informações ocultas, mas também de impedir que os outros pensem que as informações existem.

A criptografia consiste em converter o texto de uma mensagem numa cifra ilegível, ou seja, baralha a mensagem para que não possa ser compreendida; a esteganografia esconde a mensagem para que não possa ser vista. Apesar de ambos os métodos proporcionarem segurança, estuda-se a possibilidade de combinar os métodos da criptografia e da esteganografia num único sistema para melhorar a confidencialidade e a segurança.

Utilizando a esteganografia, a informação pode ser escondida em diferentes meios de incorporação, conhecidos como suportes. Estes suportes podem ser imagens, ficheiros áudio, ficheiros de vídeo e ficheiros de texto. O principal objetivo da esteganografia é comunicar com segurança os dados secretos de uma forma completamente indetetável. Isto significa que a esteganografia permite uma comunicação invisível.

Existem muitas formas diferentes de mecanismos de esteganografia, como LSB, mascaramento e técnicas de filtragem e transformação. Numa rede, o êxito do algoritmo depende da técnica de ocultação utilizada para armazenar a informação nos suportes de incorporação, que deve ter em conta a esteganálise. Para o efeito, a técnica tem de satisfazer a transparência. Para além disso, a capacidade é também uma preocupação importante, porque uma técnica eficiente é aquela que pode incorporar mais informações secretas. Para aumentar a robustez, a técnica de esteganografia pode ser apoiada por um esquema de cifragem.

O principal objetivo da investigação é efetuar um estudo pormenorizado das técnicas de esteganografia e desenvolver e implementar técnicas avançadas de ocultação de dados para aplicações de segurança, a fim de ocultar dados em ficheiros de imagem, áudio ou texto e também para recuperar os dados ocultos. A esteganografia é a arte de esconder uma mensagem dentro de outra, de modo a que a mensagem escondida seja indistinguível. O conceito-chave subjacente à esteganografia é que a mensagem a transmitir não é detetável à vista desarmada. O texto, a imagem, o vídeo e o áudio são utilizados como meios de cobertura para ocultar dados na esteganografia. Esteganografia deriva das palavras gregas Steganós (coberto) e Graptos (escrita). A esteganografia é muitas vezes confundida com a criptologia, porque as duas são semelhantes na medida em que ambas são utilizadas para proteger informações importantes. A diferença entre as duas é que a esteganografia consiste em esconder informação de modo a que pareça que não há informação escondida. Se uma pessoa ou pessoas virem o objeto em que a informação está escondida, não farão ideia de que existe informação escondida, pelo que a pessoa não tentará desencriptar a informação. A esteganografia, no sentido moderno da palavra, refere-se normalmente a informação ou a um ficheiro que foi escondido dentro de um ficheiro digital de imagem, vídeo ou áudio. O que a esteganografia faz essencialmente é explorar a perceção humana; os sentidos humanos não estão treinados para procurar ficheiros que tenham informação escondida dentro deles. As imagens são um meio de comunicação muito popular utilizado no domínio da esteganografia.

Geralmente, na esteganografia, a informação real não é mantida no seu formato original, sendo convertida num ficheiro multimédia equivalente alternativo, como imagem, vídeo ou áudio, que, por sua vez, é escondido noutro objeto. Esta mensagem aparente (conhecida como texto de cobertura em termos habituais) é enviada através da rede para o destinatário, onde a mensagem real é separada da mesma.

Fig1.1: Comunicação encoberta

Na abordagem moderna, dependendo da natureza do objeto de cobertura, a esteganografia pode ser dividida em cinco tipos:

(i) Esteganografia de texto

(ii) Esteganografia de imagens

(iii) Esteganografia de áudio

(iv) Esteganografia de vídeo

(v) Esteganografia de protocolos

1.1 Esteganografia de texto:

Como toda a gente sabe ler, codificar o texto em frases neutras é duvidosamente eficaz. Mas, tomando a primeira letra de cada palavra da frase anterior, verá que é possível e não é muito difícil. A ocultação de informação em texto simples pode ser feita de muitas formas diferentes. Muitas técnicas envolvem a modificação da apresentação de um texto, regras como a utilização de todos os n^{th} caracteres ou a alteração da quantidade de espaço em branco após as linhas ou entre as palavras. A última técnica foi utilizada com êxito na prática e, mesmo depois de um texto ter sido impresso e copiado em papel dez vezes, a mensagem secreta ainda podia ser recuperada. Outra forma possível de armazenar um segredo dentro de um texto é utilizar uma fonte de capa disponível ao público, um livro ou um jornal, e utilizar um código que consiste, por exemplo, numa combinação de um número de página, um número de linha e um número de carácter. Desta forma, nenhuma informação armazenada no interior da fonte de cobertura conduzirá à mensagem oculta. A sua descoberta depende apenas do conhecimento da chave secreta.

1.2 Esteganografia de imagens:

Para ocultar informações, a inserção direta de mensagens pode codificar cada bit de informação na imagem ou incorporar seletivamente a mensagem em áreas "ruidosas" que chamam menos a atenção - as áreas onde existe uma grande variação de cor natural. A mensagem também pode ser espalhada aleatoriamente pela imagem. Existem várias formas de ocultar informações em suportes digitais. As abordagens mais comuns incluem

(i) Inserção do bit menos significativo

(ii) Mascaramento e filtragem

(iii) Codificação de padrões redundantes

(iv) Encriptar e dispersar

(v) Algoritmos e transformações

Cada uma destas técnicas pode ser aplicada, com diferentes graus de sucesso.

1.3 Esteganografia de áudio:

Num sistema de esteganografia áudio baseado em computador, as mensagens secretas são incorporadas no som digital. A mensagem secreta é incorporada alterando ligeiramente a sequência binária de um ficheiro de som. A incorporação de mensagens secretas em som digital é normalmente um processo mais difícil do que a incorporação de mensagens noutros meios, como imagens digitais. Para esconder mensagens secretas com sucesso, foram introduzidos vários métodos de incorporação de informação em áudio digital. Estes métodos vão desde algoritmos bastante simples que inserem informações sob a forma de ruído de sinal até métodos mais poderosos que exploram técnicas sofisticadas de processamento de sinal para ocultar informações. Os métodos normalmente utilizados na esteganografia de áudio são os seguintes - Codificação LSB

· Codificação de paridade

· Codificação de fase

· Espetro de propagação

· Esconderijo de eco

1.4 Esteganografia de vídeo:

Os ficheiros de vídeo são geralmente uma coleção de imagens e sons, pelo que a maior parte das técnicas apresentadas para imagens e áudio também podem ser aplicadas a ficheiros de vídeo. As grandes vantagens do vídeo são a grande quantidade de dados que podem ser escondidos e o facto de ser um fluxo de imagens e sons em movimento. Por conseguinte, quaisquer distorções pequenas, mas de outro modo perceptíveis, podem passar despercebidas aos humanos devido ao fluxo contínuo de informação.

1.5 Esteganografia de protocolo:

O termo esteganografia de protocolos refere-se à técnica de incorporação de informações em mensagens e protocolos de controlo de rede utilizados na transmissão de redes. Nas camadas do modelo de rede OSI existem canais secretos onde a esteganografia pode ser utilizada. Um exemplo de onde as informações podem ser ocultadas é no cabeçalho de um pacote TCP/IP em alguns campos que são opcionais ou nunca são usados.

Capítulo 2

Técnica de esteganografia de imagem para segurança

Transação online

2.1 Introdução

Nesta era de transacções sem dinheiro, o mercado do comércio eletrónico tem vindo a crescer rapidamente nos últimos tempos em todo o mundo. Com esta popularidade crescente dos pagamentos em linha, a segurança da informação é a principal preocupação. No que diz respeito aos pagamentos com cartões de débito e de crédito, são necessários vários parâmetros para efetuar a transação do princípio ao fim, tais como os dados do cliente, os dados do seu cartão de pagamento, os comerciantes e as informações relativas aos seus sistemas de pagamento POS (point of scale). Assim, uma grande quantidade de dados electrónicos e de moeda em formato digital é transferida através do sistema de pagamento.

A principal ameaça à segurança das informações financeiras dos clientes que circulam na rede pode dever-se ao "phishing" ou ao "roubo de identidade". O phishing é uma técnica para piratear a identidade do cliente e os pormenores da sua conta financeira. O roubo de identidade consiste em utilizar a identidade de alguém e em utilizar indevidamente as informações relativas a essa pessoa para qualquer transação. O algoritmo proposto é uma técnica inovadora com uma combinação única de esteganografia e abordagem de criptografia visual que fornece informações muito limitadas necessárias para uma transação em linha bem sucedida, aumentando assim a segurança das informações sensíveis.

O sistema ecológico de pagamentos em linha é o principal alvo das fraudes informáticas. Por conseguinte, a cifragem de extremo a extremo é muito necessária para manter a integridade das informações secretas relacionadas com as transacções efectuadas em linha. Com acesso a informações sensíveis relacionadas com os pagamentos, que permitem efetuar diariamente muitas transacções de dinheiro, a infraestrutura de pagamento é um alvo importante para os piratas informáticos. O sistema proposto destaca uma abordagem ideal para transacções em linha seguras para transferência de fundos com uma combinação única de criptografia visual e técnica de esteganografia por transformada wavelet discreta baseada em Haar. Esta combinação de técnicas de ocultação de dados reduz a quantidade de informação partilhada entre o consumidor e o comerciante em linha, necessária para uma transação em linha bem sucedida, além de proporcionar uma maior segurança aos dados da conta do cliente, aumentando assim a sua confiança e evitando o "roubo de identidade" e o "phishing". As compras em linha consistem na obtenção de informações sobre o produto através da Internet e na emissão de uma ordem de compra através de um pedido de compra eletrónico, no preenchimento de informações sobre o cartão de crédito ou de débito e no envio do produto por correio ou entrega ao domicílio por um serviço de correio rápido. A usurpação de identidade e o phishing são os perigos mais comuns das compras em linha. O roubo de identidade é o roubo da identidade de alguém sob a forma de informações pessoais e a utilização indevida dessas informações para efetuar compras e abrir contas bancárias ou obter cartões de crédito. Em 2012, as informações dos consumidores foram utilizadas indevidamente durante uma média de 48 dias em resultado da usurpação de identidade. O phishing é um mecanismo criminoso que utiliza tanto a engenharia social como subterfúgios técnicos para roubar dados de identidade pessoal e credenciais de contas financeiras dos consumidores. No segundo trimestre de 2013, os serviços de pagamento, financeiros e de retalho são os sectores industriais mais visados pelos ataques de phishing. No entanto, há que continuar a confiar no comerciante e nos seus empregados para não utilizarem as informações dos consumidores para as suas próprias compras e para não venderem as informações a terceiros.

O método proposto é uma combinação de esteganografia e criptografia visual, que minimiza a partilha de informações entre o consumidor e o comerciante em linha, mas permite a transferência bem sucedida de fundos da conta do consumidor para a conta do comerciante, salvaguardando assim as informações do consumidor e impedindo a utilização indevida de informações por parte do comerciante. O método proposto destina-se especificamente ao comércio eletrónico, mas pode ser facilmente alargado à banca em linha e à banca física.

A criptografia visual é uma técnica criptográfica popular, que permite encriptar informações visuais (imagens, texto, etc.) de tal forma que a desencriptação se torna uma operação mecânica que não requer um computador para a autenticação. A criptografia visual refere-se ao método de partilha de um segredo entre um grupo de participantes. O revendedor fornece uma transparência a cada um dos n utilizadores. Qualquer S de entre eles pode ver o segredo empilhando as suas transparências, mas qualquer S-1 de entre eles não obtém qualquer informação sobre o mesmo. A técnica de transmissão de imagens encobertas tem a potencialidade de comunicar informações sensíveis através da rede de forma segura sob a inspeção de uma autoridade de censura adversa.

Criptografia visual:

A criptografia visual é um método de partilha de segredos que encripta uma imagem secreta em várias partes, mas não requer nem computador nem cálculos para desencriptar a imagem secreta. Em vez disso, a imagem secreta é reconstruída visualmente: simplesmente sobrepondo as partes encriptadas, a imagem secreta torna-se claramente visível.

A criptografia visual é uma técnica de encriptação especial que permite ocultar informações em imagens de forma a que possam ser desencriptadas pela visão humana se for utilizada a imagem-chave correta. A técnica foi proposta por Moni Naor e Adi Shamir em 1994. A criptografia visual utiliza duas imagens transparentes. Demonstraram um esquema de partilha visual de segredos, em que uma imagem era dividida em *n* partes, de modo a que apenas alguém com todas as *n* partes pudesse decifrar a imagem, enquanto quaisquer *n-1* partes não revelavam qualquer informação sobre a imagem original. Cada parte foi impressa numa transparência separada e a desencriptação foi efectuada sobrepondo as partes. Quando todas as *n* acções eram sobrepostas, aparecia a imagem original. Uma imagem contém pixéis aleatórios e a outra imagem contém a informação secreta. É impossível obter a informação secreta a partir de uma das imagens. São necessárias imagens transparentes e camadas para revelar a informação.

A criptografia visual é uma solução popular para a cifragem de imagens. Utilizando conceitos de partilha de segredos, o procedimento de cifragem codifica uma imagem secreta nas chamadas partilhas, que são imagens seguras semelhantes a ruído que podem ser transmitidas ou distribuídas através de um canal de comunicação não fiável. Utilizando as propriedades do sistema visual humano para forçar o reconhecimento de uma mensagem secreta a partir de partilhas sobrepostas, a imagem secreta é desencriptada sem cálculos adicionais e sem qualquer conhecimento de criptografia. As soluções criptográficas visuais funcionam com entradas binárias ou binarizadas. Por conseguinte, as imagens naturais (de tom contínuo) devem ser primeiro convertidas em imagens de meio-tom, utilizando a densidade dos pontos da rede para simular os níveis de cinzento ou de cor originais na representação binária de destino. Em seguida, a versão de meio-tom da imagem de entrada é utilizada em vez da imagem secreta original para produzir as partilhas. A imagem desencriptada é obtida através do empilhamento das acções. Uma vez que os dados binários podem ser apresentados como foscos ou transparentes quando impressos em transparências ou visualizados no ecrã, a sobreposição de acções que contêm informações aparentemente aleatórias pode revelar a imagem secreta sem cálculos adicionais ou qualquer conhecimento de chaves criptográficas.

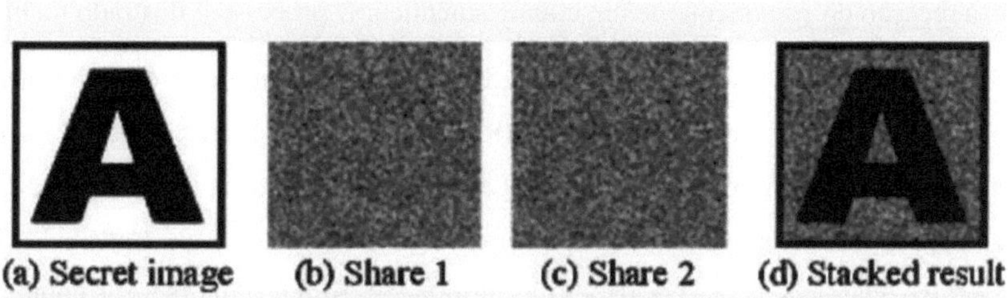

Fig 2.1: Visual Cryptography Concept

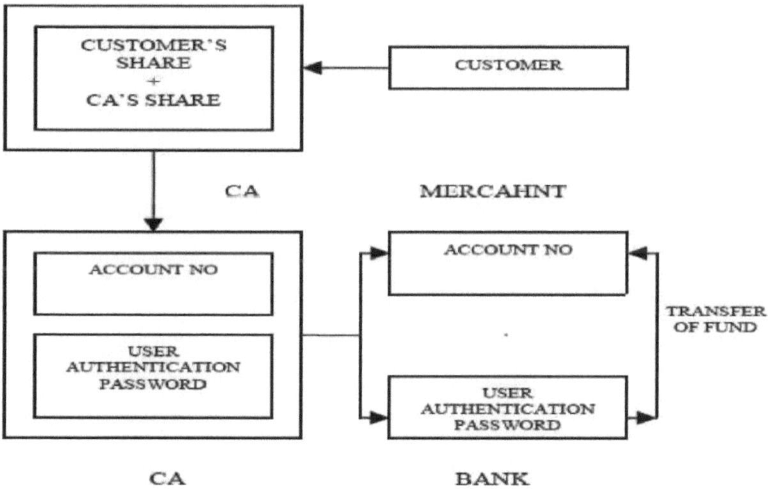

Fig 2.2: Sistema proposto

Dois dos principais problemas das transacções em linha são a "usurpação de identidade" e o "phishing". A usurpação de identidade é uma forma de roubar a identidade de alguém em que uma pessoa finge ser outra, assumindo a identidade dessa pessoa, geralmente como um método para ter acesso a recursos ou obter crédito e outros benefícios em nome dessa pessoa. Este problema ocorre normalmente durante as compras em linha, em que os dados do cliente estão a ser utilizados indevidamente pelo comerciante em linha. No sistema proposto, a informação submetida pelo cliente ao comerciante em linha é minimizada, fornecendo-se apenas a informação mínima que apenas verificará o pagamento efectuado pelo referido cliente a partir da sua conta bancária. Isto é conseguido através da introdução de uma

Autoridade Certificada (AC) central e da aplicação combinada de esteganografia e criptografia visual. A informação recebida pelo comerciante pode assumir a forma de um número de conta relacionado com o cartão utilizado para efetuar compras. As informações só validarão a receção do pagamento de um cliente autêntico. O processo é ilustrado na Fig. 3.

A implementação do sistema do projeto começa por tirar uma fotografia da informação do cliente. Esta imagem é escondida dentro de uma imagem de cobertura utilizando a esteganografia baseada na imagem. Agora, é gerada uma imagem de stego sobre a qual é aplicada a criptografia visual para gerar duas partes. Agora, uma parte é guardada pelo cliente e a outra parte é guardada na base de dados da autoridade certificada. Durante as compras em linha, depois de selecionar o artigo desejado e de o adicionar ao carrinho, o sistema de pagamento preferido do comerciante encaminha o cliente para o portal da autoridade certificada. No portal, o comprador submete a sua quota-parte e o comerciante submete os dados da sua conta.

Agora, a AC combina a sua própria parte com a parte do comprador e obtém a imagem original. A partir da AC, os dados da conta do comerciante e o texto de cobertura são enviados para o banco, onde a palavra-passe de autenticação do cliente é recuperada a partir do texto de cobertura. As informações de autenticação do cliente são enviadas ao comerciante pela CA. Ao receber a palavra-passe de autenticação do cliente, o banco compara-a com a sua própria base de dados e, depois de verificar a legitimidade do cliente, transfere o fundo da conta do cliente para a conta do comerciante apresentada. Depois de receber o fundo, o sistema de pagamento do comerciante valida a receção do pagamento utilizando as informações de autenticação do cliente.

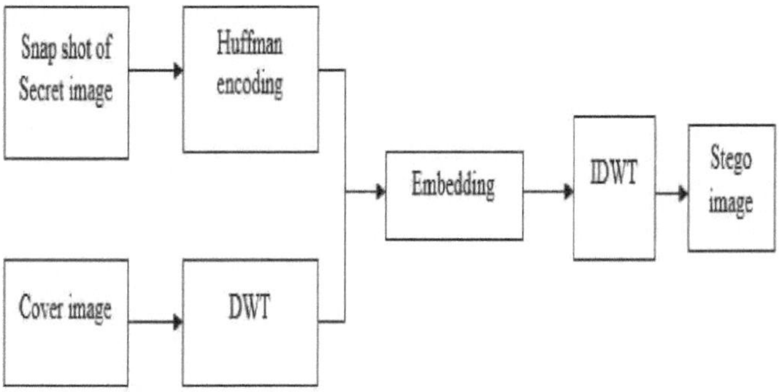

Fig 2.3: Diagrama de blocos do processo de esteganografia

A imagem secreta é a entrada ou a informação confidencial do cliente que deve ser ocultada. Neste processo, a imagem secreta é uma imagem instantânea dos dados do cliente.

Imagem secreta:

A imagem secreta é a entrada ou a informação confidencial do cliente que deve ser ocultada. Neste processo, a imagem secreta é uma imagem instantânea dos dados do cliente.

Codificação Huffman:

Em informática e teoria da informação, um código Huffman é um código de prefixo ótimo encontrado utilizando o algoritmo desenvolvido por David A. Huffman quando era estudante de doutoramento no MIT e publicado no artigo de 1952 "A Method for the Construction of Minimum-Redundancy Codes". O processo de encontrar e/ou utilizar um código deste tipo é designado por codificação de Huffman e é uma técnica comum na codificação de entropia, incluindo a compressão de dados sem perdas. O resultado do algoritmo pode ser visto como uma tabela de códigos de comprimento variável para codificar um símbolo de origem (como um carácter num ficheiro). A codificação Huffman baseia-se na frequência de ocorrência de um item de dados (pixel em imagens). O princípio consiste em utilizar um menor número de bits para codificar os dados que ocorrem com maior frequência. Os códigos são armazenados num livro de códigos que pode ser construído para cada imagem ou para um conjunto de imagens. O algoritmo de Huffman obtém esta tabela com base na probabilidade ou frequência de ocorrência estimada (peso) para cada valor possível do símbolo de origem. Tal como noutros métodos de codificação de entropia, os símbolos mais comuns são geralmente representados utilizando menos bits do que os símbolos menos comuns. O método de Huffman pode ser implementado de forma eficiente, encontrando um código em tempo linear para o número de pesos de entrada se esses pesos forem ordenados.

A vantagem de um código de comprimento variável é que aos símbolos-fonte improváveis podem ser atribuídas palavras-código mais longas e aos símbolos-fonte prováveis podem ser atribuídas palavras-código mais curtas, dando assim um comprimento de palavra-código esperado baixo.

O algoritmo básico de codificação de Huffman é o seguinte:

- Digitalizar o texto a comprimir e registar a ocorrência de todos os caracteres.
- Ordenar ou dar prioridade aos caracteres com base no número de ocorrências no texto.
- Construir a árvore de código Huffman com base na lista de prioridades.
- Executar uma travessia da árvore para determinar todas as palavras de código.
- Digitalize novamente o texto e crie um novo ficheiro utilizando os códigos Huffman.

Exemplo:

Considere o seguinte texto curto:

Olhos estranhos vistos perto do lago.

Contar as ocorrências de todos os caracteres no texto

Char	Freq.	Char	Freq.	Char	Freq.
E	1	y	1	k	1
e	8	s	2	.	1
r	2	n	2		
i	1	a	2		
space	4	l	1		

Fig 2.4 Figura que mostra a frequência de ocorrência de cada carácter

Criar nós de árvore binária com carácter e frequência de cada carácter. Colocar os nós numa fila de prioridades. Quanto menor for a ocorrência, maior será a prioridade na fila. A fila após a inserção de todos os nós é a apresentada na figura 6.

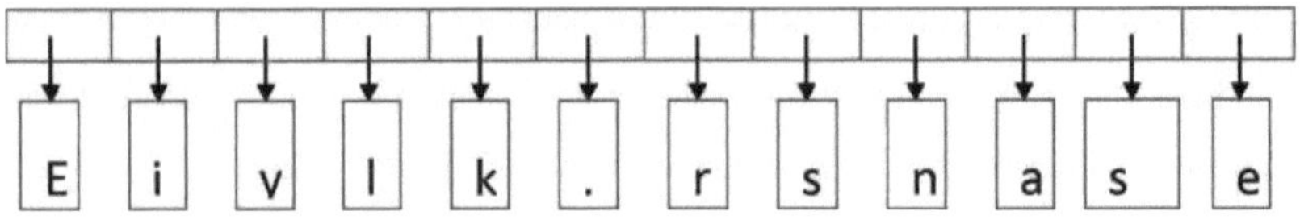

Fig 2.5: Fila de espera após a inserção de todos os nós.

Enquanto a fila de prioridades contém dois ou mais nós:

- Criar novo nó
- Desbloquear o nó e transformá-lo em subárvore esquerda
- Colocar o nó seguinte em fila de espera e torná-lo na sub-árvore correta
- A frequência do novo nó é igual à soma das frequências dos filhos esquerdo e direito
- Voltar a colocar o novo nó na fila de espera

Char	Code
E	0000
i	0001
y	0010
l	0011
k	0100
.	0101
space	011
e	10
r	1100
s	1101
n	1110
a	1111

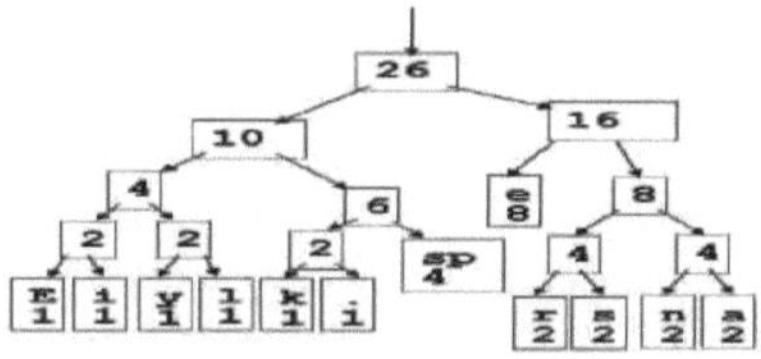

Fig 2.6: Árvore de Huffman

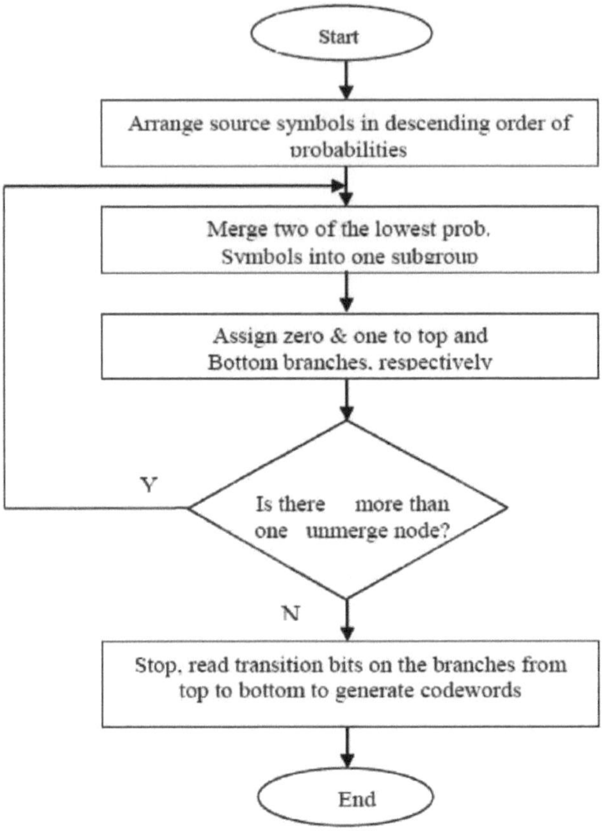

Fig 2.7: Fluxograma do algoritmo de Huffman

Imagem da capa:

Uma imagem de cobertura é uma imagem utilizada para ocultar a mensagem secreta, de modo a que a mensagem oculta seja invisível.

Transformadas Wavelet discretas:

A imagem digital tem um enorme impacto nas aplicações científicas e industriais. É sempre necessário dar maior ênfase ao armazenamento, transmissão e manuseamento de imagens.

Antes de armazenar e transmitir as imagens, é necessário comprimi-las, devido à capacidade de armazenamento e à largura de banda limitadas.

As wavelets decompõem informações complexas, como música, imagens, vídeos e padrões, em formas elementares. A DWT transforma um sinal de tempo discreto numa representação discreta de wavelets. A DWT representa os dados num conjunto de coeficientes passa-alto (pormenor) e passa-baixo (aproximado). Os dados de entrada são passados através de um conjunto de filtros passa-baixo e passa-alto. A saída do filtro passa-baixo é um coeficiente aproximado e a saída do filtro passa-alto é um coeficiente de pormenor. A saída é obtida num conjunto de quatro coeficientes LL, HL, LH, HH. O primeiro alfabeto representa a transformação em linha, enquanto o segundo alfabeto representa a transformação em coluna.

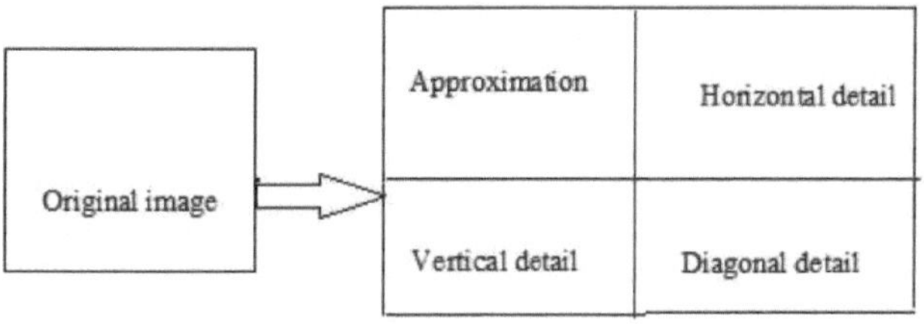

Fig 2.8: Coeficientes da DWT

Procedimento para compressão de imagens com base em wavelets:

> Digitalizar a imagem de origem num sinal s, que é uma sequência de números.

> Decompor o sinal numa sequência de coeficientes de wavelet.

> Utilizar o limiar para modificar a compressão wavelet de w para outra sequência w'.

> Utilizar a quantização para converter w' numa sequência q.

> Aplicar a codificação entropia para comprimir q numa sequência e.

A DWT transforma a informação espacial no domínio da frequência. A imagem transformada é quantizada, ou seja, quando algumas amostras de dados, normalmente as que têm níveis de energia insignificantes, são eliminadas. A codificação entropia minimiza a redundância no fluxo de bits e é totalmente invertível no final da descodificação.

Vantagens da DWT:

> A vantagem da compressão wavelet é o facto de o algoritmo wavelet não dividir a imagem em blocos, mas analisar toda a imagem.

> As ondaletas têm a grande vantagem de poderem separar detalhes finos num sinal.

> A codificação baseada em wavelets proporciona uma melhoria substancial da qualidade

da imagem com uma elevada taxa de compressão, principalmente devido à melhor propriedade de compactação de energia da transformada wavelet.

Temos basicamente quatro tipos de wavelets

- Transformada wavelet de Haar
- Transformada wavelet de Daubechies
- Transformada wavelet Symlet
- Transformada de wavelet biortogonal

medida que a complexidade computacional aumenta, a taxa de compressão também aumenta. A transformada wavelet de Haar é a transformada mais simples para a compressão de imagens. O princípio subjacente é muito simples: calcular as médias e as diferenças de pixéis adjacentes. A DWT de Haar é mais eficiente do ponto de vista computacional do que as transformadas discretas de base sinusoidal, mas esta qualidade é compensada por uma menor compactação de energia em comparação com a DCT. "A transformada de Haar funciona como uma matriz quadrada de comprimento N = alguma potência integral de 2. A implementação da transformada discreta de Haar consiste em atuar sobre uma matriz por linhas, encontrando as somas e diferenças de elementos consecutivos. Se a matriz for dividida ao meio, de cima para baixo, as somas são armazenadas num lado e as diferenças no outro. A operação seguinte ocorre por colunas, dividindo a imagem ao meio, da esquerda para a direita, e armazenando as somas numa metade e as diferenças na outra. O processo é repetido na matriz quadrada mais pequena, potência de dois, resultando em somas de somas. O número de vezes que este processo ocorre pode ser considerado como a profundidade da transformação.

Propriedades da transformada de Haar:

> A Transformada de Haar é real e ortogonal

> A transformada de Haar é uma transformada muito rápida

> Os vectores da base da matriz de Haar são ordenados sequencialmente.

> A Transformada de Haar tem uma fraca compactação de energia para imagens.

> Reconstrução perfeita: Se o sinal de entrada for transformado e transformado inversamente utilizando um conjunto de funções de base ponderada e os valores de amostra reproduzidos forem idênticos aos do sinal de entrada, diz-se que a transformação tem a

propriedade de reconstrução perfeita.

Vantagens da transformada de Haar:

> Melhor desempenho em termos de tempo de computação.

> A velocidade de computação é elevada. Chama-se compressão sem perdas.

> O HWT é um método de compressão eficiente.

Incorporação:

> No sentido da linguagem informática, incorporar significa pegar na estrutura de código fundamental (por exemplo, de uma imagem) e colocá-la noutro objeto de código... como um vídeo. Algo que tenha sido incorporado numa estrutura de código pode ser separado da outra estrutura de código, mas desempenha melhor a sua função se estiver ligado à (ou incorporado na) outra estrutura. Em geral, significa inserir algo noutra coisa. No nosso projeto, a imagem secreta codificada por Huffman é codificada numa imagem comprimida.

> **Transformada de wavelet discreta inversa (IDWT):**

A IDWT reconstrói a imagem comprimida de volta ao domínio espacial.

Imagem Stego:

A imagem Stego é a imagem que se parece com a imagem de cobertura, mas contém a imagem secreta que está escondida no seu interior.

PSNR E MSE:

A relação sinal-ruído de pico, frequentemente abreviada PSNR, é um termo de engenharia para a relação entre a potência máxima possível de um sinal e a potência do ruído corruptor que afecta a fidelidade da sua representação. Como muitos sinais têm uma gama dinâmica muito ampla, a PSNR é normalmente expressa em termos da escala logarítmica de decibéis.

O PSNR é mais comummente utilizado para medir a qualidade da reconstrução de codecs de compressão com perdas (por exemplo, para compressão de imagem). O sinal, neste caso, são os dados originais e o ruído é o erro introduzido pela compressão. Ao comparar codecs de compressão, o PSNR é uma aproximação à perceção humana da qualidade da reconstrução.

A PSNR é mais facilmente definida através do erro quadrático médio (MSE). Dada uma imagem monocromática m*n sem ruído I e a sua aproximação ruidosa K, o MSE é definido como:

$MSE = \Sigma_{m,n}[I(m,n) - K(m,n)]^2 / m*n$

O PSNR (em dB) é definido como:

$PSNR = 10\log_{10}[MAX_I^2 / MSE]$

Aqui, MAX_I é o valor máximo possível do pixel da imagem. Quando os pixels são representados usando 8 bits por amostra, esse valor é 255. Os valores típicos para a PSNR na compressão de imagem e vídeo com perdas situam-se entre 30 e 50 dB, desde que a profundidade de bits seja de 8 bits, sendo que quanto maior for, melhor. Para dados de 16 bits, os valores típicos da PSNR situam-se entre 60 e 80 dB. Os valores aceitáveis para a perda de qualidade da transmissão sem fios são considerados como sendo de cerca de 20 dB a 25 dB.

Criptografia visual:

A ideia básica da criptografia visual é que a imagem é dividida em várias partes denominadas acções e, em seguida, estas acções são distribuídas pelos participantes em causa e, para desencriptar, as acções são empilhadas para recuperar a imagem. Há três etapas envolvidas na criptografia visual, nomeadamente o halftoning, a geração de acções e o empilhamento.

Meio-tom digital:

A ideia principal do meio-tom é utilizar a densidade dos pontos impressos para simular a escala de cinzentos dos pixels. Os olhos humanos conseguem integrar os detalhes mais finos de uma imagem vista à distância e registam apenas a intensidade geral. Quanto mais densos forem os pontos, mais escura é a imagem; pelo contrário, quanto mais esparsos forem os pontos, mais clara é a imagem. Por isso, podemos utilizar duas cores - preto e branco - para simular um tom contínuo, de modo a que uma imagem de tom contínuo possa ser transformada numa imagem de dois níveis.

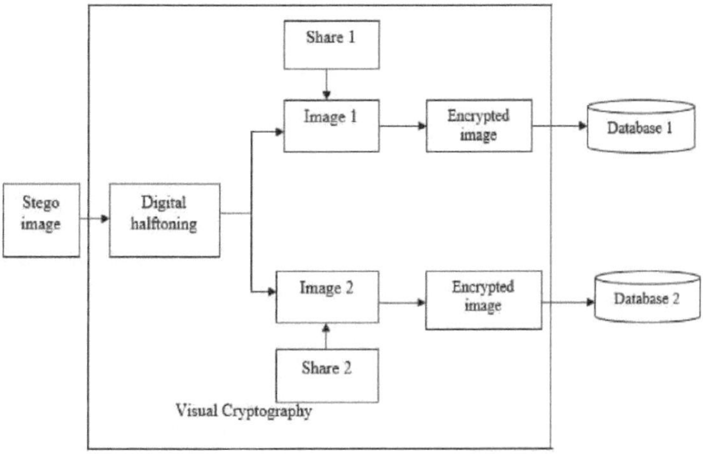

Fig 2.9. Processo de criptografia visual.

O meio-tom é a técnica reprográfica que simula imagens de tom contínuo através da utilização de pontos, que variam em tamanho, forma ou espaçamento. Quando as imagens de tom contínuo contêm uma gama infinita de cores ou cinzentos, o processo de meio-tom reduz as reproduções visuais a imagens binárias, que são impressas apenas com uma cor de tinta. Esta reprodução binária assenta na ilusão ótica básica de que estes minúsculos pontos de meio-tom são misturados em tons suaves pelo olho humano. A um nível microscópico, a película fotográfica a preto e branco revelada também é constituída por duas cores e não por uma gama infinita de cores. O meio-tom pode ser efectuado através da limiarização da imagem. O meio-tom digital é uma técnica de transferência de uma imagem digital em escala de cinzentos para uma matriz de valores binários representados como pontos no processo de impressão.

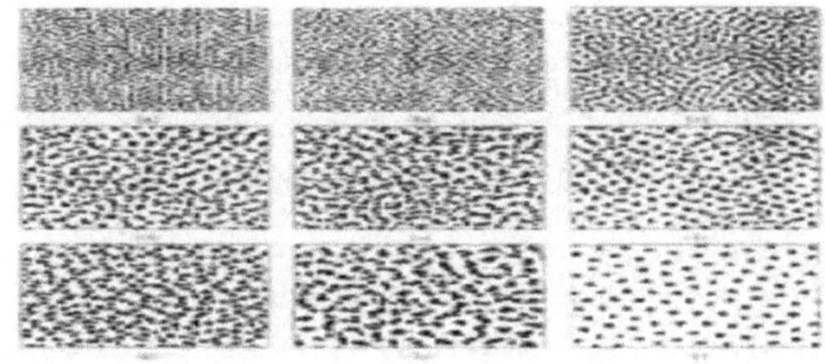

Fig 2.10. Imagem digital a meio-tom

Três métodos comuns para gerar imagens digitais de meio-tom são

1. modelação
2. dithering
3. Difusão de erros

Padronização:

A modelação é a mais simples das três técnicas para gerar imagens de meio-tom digitais. Gera uma imagem com uma resolução espacial superior à da imagem de origem. O número de células de meio-tom da imagem de saída é o mesmo que o número de pixéis da imagem de origem. No entanto, cada célula de meio-tom é subdividida numa grelha 4x4. Cada valor de pixel de entrada é representado por um número diferente de quadrados preenchidos na célula de meio-tom. Uma vez que uma grelha 4x4 só pode representar 17 níveis de intensidade diferentes, a imagem de origem deve ser quantizada.

Dithering:

Outra técnica utilizada para gerar imagens digitais de meio-tom é o dithering. Ao contrário do

O dithering cria uma imagem de saída com o mesmo número de pontos que o número de pixéis na imagem de origem. O dithering pode ser considerado como uma limiarização da imagem de origem com uma matriz de dither. A matriz é colocada repetidamente sobre a imagem de origem. Sempre que o valor do pixel da imagem é superior ao valor da matriz, é preenchido um ponto na imagem de saída. Um problema bem conhecido do dithering é que produz artefactos de padrões introduzidos por matrizes de limiarização fixas

Difusão de erros:

A difusão de erros é outra técnica utilizada para gerar imagens digitais a meio-tom. É frequentemente designada por "dithering" espacial. A difusão de erros percorre sequencialmente cada pixel da imagem de origem. Cada pixel é comparado com um limiar. Se o valor do pixel for superior ao limiar, é emitido um 255; caso contrário, é emitido um 0. O erro - a diferença entre o valor do pixel de entrada e o valor de saída - é disperso para os vizinhos mais próximos. A difusão de erro é uma operação de vizinhança, pois opera não apenas no pixel de entrada, mas também em seus vizinhos. Geralmente, as operações de vizinhança produzem resultados de maior qualidade do que as operações pontuais. A difusão de erros, quando comparada com o dithering, não gera os artefactos introduzidos pelas matrizes de limiarização fixas. No entanto, como a difusão de erros requer operações de vizinhança, é muito intensiva do ponto de vista computacional.

Geração de acções:

Existe um algoritmo simples para criptografia visual binária (preto e branco) que cria duas imagens encriptadas a partir de uma imagem original não encriptada.

> Primeiro, crie uma imagem de pixéis aleatórios com o mesmo tamanho e forma que a imagem original.

> Em seguida, crie uma segunda imagem com o mesmo tamanho e forma que a primeira imagem encriptada, mas quando um pixel da imagem original for igual ao pixel correspondente na primeira imagem encriptada, defina o mesmo pixel da segunda imagem encriptada com a cor oposta.

> Quando um píxel da imagem original é diferente do píxel correspondente na primeira imagem encriptada, definir o mesmo píxel da segunda imagem encriptada com a mesma cor que o píxel correspondente na primeira imagem encriptada.

1. Empilhamento de acções:

As duas imagens aparentemente aleatórias podem agora ser combinadas usando XOR para recriar a imagem original.

Operação XOR:

A disjunção exclusiva ou exclusivo ou é uma operação lógica que produz verdadeiro apenas quando ambas as entradas são diferentes (uma é verdadeira, a outra é falsa). O oposto do XOR é o bicondicional lógico, que produz verdadeiro apenas quando ambas as entradas são iguais. Ganha o nome de "exclusivo ou" porque o significado de "ou" é ambíguo quando ambos os operandos são verdadeiros; o operador exclusivo ou exclui esse caso. Isto é por vezes considerado como "um ou outro, mas não ambos". Isto pode ser escrito como "A ou B mas não A e B". Em termos mais gerais, o XOR só é verdadeiro quando um número ímpar de entradas é verdadeiro. Uma cadeia de XORs - a XOR b XOR c XOR d (e assim por diante) - é verdadeira sempre que um número ímpar de entradas é verdadeiro e é falsa sempre que um número par de entradas é verdadeiro. O processo de empilhamento de acções é mostrado no diagrama de blocos de extração da Fig 2.11 abaixo

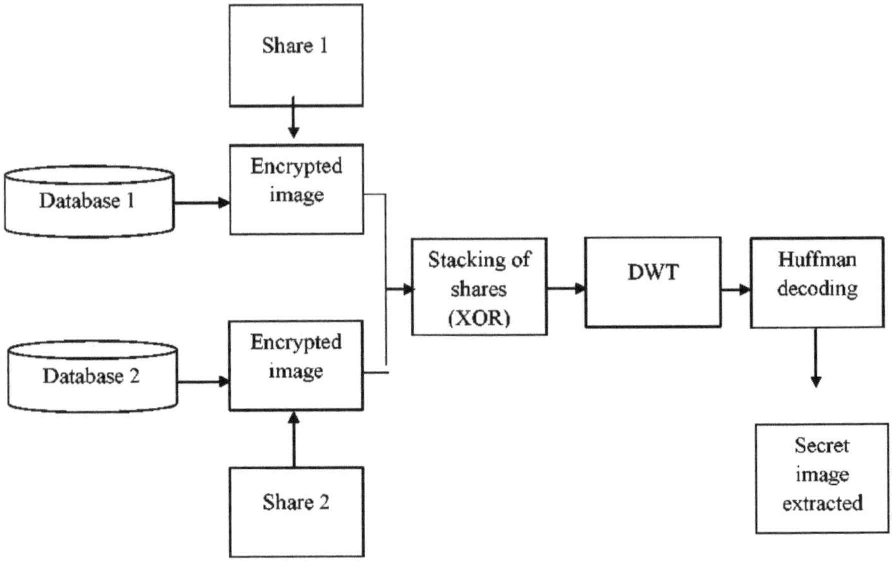

Fig. 2.11: Diagrama de blocos do processo de extração

Descodificação Huffman:

Os códigos Huffman podem ser descodificados corretamente porque obedecem à propriedade do prefixo, o que significa que nenhum código pode ser prefixo de outro código, pelo que o conjunto completo de códigos pode ser representado como uma árvore binária, conhecida como árvore Huffman. O processo inverso da codificação de Huffman é aplicado para extrair a imagem secreta.

2.2 Algoritmo proposto

A implementação do sistema começa por tirar um instantâneo das informações de pagamento relacionadas com o consumidor. A informação da fotografia é escondida numa imagem portadora utilizando a técnica de esteganografia aplicada à imagem. Agora, a técnica de criptografia visual da imagem estégica resultante é aplicada para gerar duas partes. Uma das acções é mantida no consumidor e a outra na base de dados mantida pela autoridade certificada. Ao efetuar uma transação em linha, o cliente apresenta a sua própria parte e o comerciante em causa apresenta os seus próprios dados de conta. Agora, a autoridade certificada junta a sua própria quota à quota do consumidor e obtém a imagem original.

A partir da autoridade certificada, os dados da conta do comerciante e a imagem do transportador são enviados para o banco, onde a autenticação do cliente é recuperada do transportador. As informações de autenticação do cliente são enviadas ao comerciante pela autoridade certificada. Depois de receber as informações secretas relacionadas com a autenticação do cliente, o banco compara-as com a sua base de dados e, após verificação, transfere o fundo.

Algoritmo proposto:

Passo 1: Tirar uma fotografia da informação secreta. Aplicar a técnica de codificação de Huffman às informações secretas sob a forma de uma imagem, como mostra o fluxograma abaixo. A codificação de Huffman baseia-se na frequência de ocorrência dos símbolos (valores de pixéis de uma imagem). Este método utiliza um menor número de bits para codificar a informação que aparece com bastante frequência.

Passo 2: Selecionar a imagem de cobertura para esconder a informação da imagem de carga útil. Aplicar a transformada wavelet discreta baseada em Haar para a comprimir. Inicialmente, decompõe o sinal em coeficientes wavelet. Na etapa seguinte, aplicar o valor limiar para modificar a compressão wavelet para outra sequência e, em seguida, aplicar a quantização e a codificação entropia para a compressão dos dados.

Passo 3: Uma vez obtida a imagem comprimida, a informação da imagem secreta codificada por Huffman é incorporada na imagem portadora comprimida.

Passo 4: Depois de incorporar a informação secreta, aplica-se a DWT inversa para reconstruir a informação da imagem no domínio espacial e, em seguida, obtém-se o sinal de roubo.

Passo 5: No passo seguinte, aplica-se a técnica de criptografia visual à imagem estéril. Mas a criptografia visual só funciona com imagens binárias. Assim, utiliza-se a meia tonificação digital para converter a imagem em escala de cinzentos em formato binário. Depois de obter a imagem binária, são criadas acções utilizando a técnica de criptografia visual. Agora obtêm-se duas acções que podem ser armazenadas em duas bases de dados separadas.

Passo 6: O passo seguinte é a extração da informação secreta; neste caso, utilizamos as duas partes geradas no passo anterior. Para obter a imagem combinada, utilizamos a operação de bit XOR entre duas acções. A seguir, na imagem empilhada, aplica-se a técnica DWT baseada em haar para converter a imagem do domínio do tempo para o domínio da frequência.

Passo 7: Como último passo, aplicar a descodificação de Huffman, que é exatamente o inverso da codificação de Huffman para obter informações secretas.

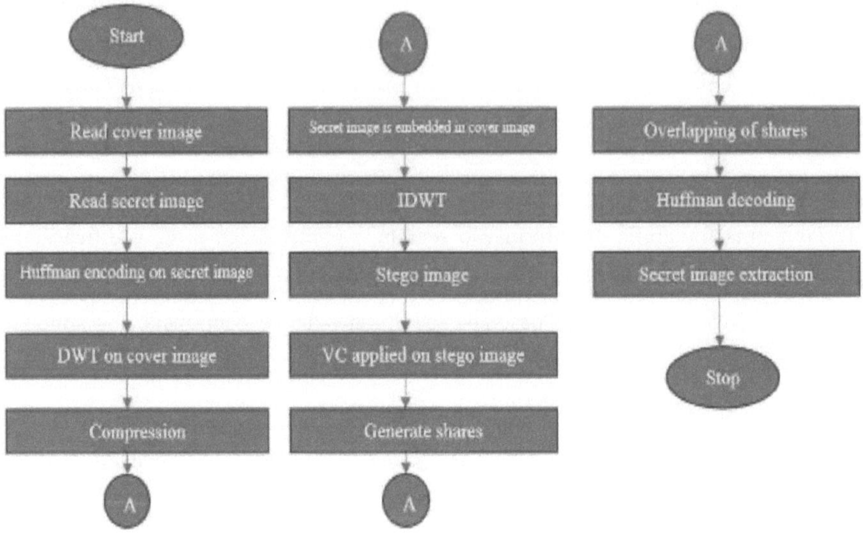

Fig 2.12 Fluxo do projeto

2.3 Resultados e discussão

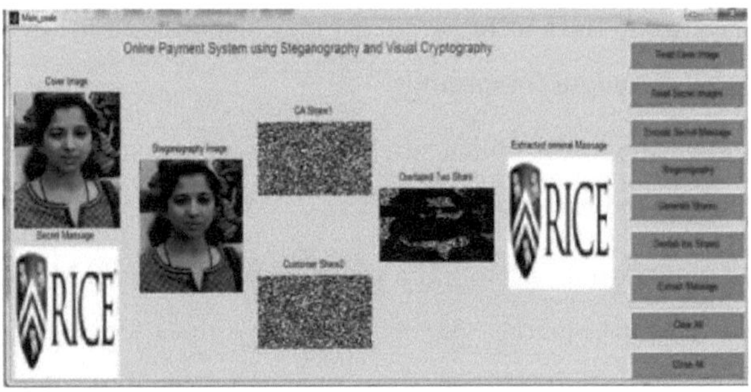

Fig2.13: GUI1 considerando o logótipo como informação secreta e a imagem do cliente como imagem de cobertura

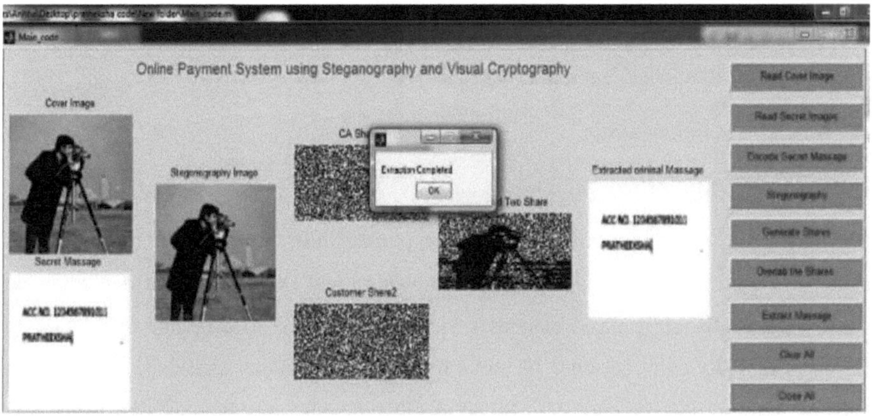

Fig 2.14: GUI2 considerando os dados da conta como mensagem secreta

As interfaces gráficas de utilizador acima referidas demonstram a recuperação sem perdas de informações secretas.

Tabela 2.1: Resultados da simulação obtidos para várias entradas

Carrier Image	Payload Image	PSNR using Proposed algorithm	MSE using Proposed algorithm
	RICE	36.0036	16.1966
	RICE	34.0435	24.2407
	RICE	33.6699	27.9306

Os resultados tabulados provam que o algoritmo proposto que utiliza a combinação de DWT e criptografia visual fornece melhores valores de PSNR e MSE em comparação com o algoritmo existente que utiliza DCT.

O PSNR e o MSE são os parâmetros de avaliação utilizados para avaliar a eficácia do algoritmo proposto.

Considere-se uma imagem monocromática I de dimensão mxn. Seja K a aproximação do ruído.

O erro quadrático médio (MSE) e o rácio sinal/ruído de pico (PSNR) são calculados como se mostra a seguir.

MSE=Σm,n[I(m,n) - K(m,n)]2 / m*n ....(2.1)

O PSNR (em dB) é definido como:

PSNR=10log10[MAXI2/ MSE] ...(2.2)

Aqui, MAXI é o valor do pixel com magnitude máxima. Se os pixels forem representados com 8 bits, o valor máximo do pixel é 255. O valor ideal do PSNR para a técnica de compressão com perdas aplicada a imagens e vídeos varia entre 30 e 50 db. Se o valor do pixel for representado com 16 bits, há uma melhoria visível na qualidade da imagem recuperada e o seu PSNR varia entre 60 e 80 db. A gama de perdas aceitáveis num sistema de transmissão sem fios varia entre 20 e 25 db.

O algoritmo proposto é uma abordagem nova e única que fornece informações muito limitadas que são necessárias para fazer compras em linha, proporcionando assim uma maior segurança aos dados da conta do cliente e aumentando assim a segurança das transacções em linha. A eficácia do algoritmo é avaliada utilizando parâmetros de avaliação como o PSNR e o MSE. A partir dos resultados experimentais, verifica-se que há um aumento apreciável no valor PSNR, bem como uma maior redução no MSE, em comparação com as técnicas existentes que utilizam a transformada discreta de cosseno aplicada à imagem de cobertura para esconder informações secretas. É possível obter um melhor PSNR com uma codificação de 16 bits para cada pixel para representar a informação.

Capítulo 3

Técnica de esteganografia de áudio usando sinais de ECG em sistemas de ponto de atendimento

3.1 . Introdução

Os testes no local de prestação de cuidados (POCT) em doentes com doença cardíaca isquémica são impulsionados pela necessidade urgente de obter resultados rápidos, específicos e precisos para iniciar instantaneamente a terapêutica. A força motriz por detrás do POCT que utiliza sinais de ECG é fornecer o teste imediata e convenientemente aos doentes cardíacos. Isto aumentará a probabilidade de o doente, o médico e a equipa de cuidados de saúde receberem os resultados mais rapidamente, o que facilitará a tomada imediata de decisões de gestão clínica. Nas comunicações sem fios, os dados biomédicos podem ser susceptíveis de potenciais ataques, o que conduz aos seguintes desafios de segurança.

- Para salvaguardar a privacidade e a integridade dos dados biomédicos.
- Para garantir que apenas as pessoas autorizadas podem ter acesso a informações secretas.

Na técnica proposta, é aplicada uma técnica de esteganografia baseada na decomposição de wavelets de cinco níveis aos sinais de ECG, juntamente com a encriptação RSA e a técnica de codificação baseada na matriz de baralhamento, para proteger as informações confidenciais relacionadas com o doente escondidas nos sinais de ECG. Para avaliar a eficiência do algoritmo proposto no sinal de ECG do doente, as duas métricas de medição da distorção, como a diferença percentual RMSE (PRD) e a PSNR (relação sinal/ruído de pico), foram comparadas com os resultados do algoritmo existente e a energia do sinal de ECG com marca de água é comparada com a do ECG original para as wavelets Coiflet, Bioorthogonal e symlet. Verifica-se que o algoritmo proposto proporciona uma proteção de segurança muito elevada para as informações relacionadas com o doente, bem como uma distorção muito reduzida do sinal ECG, de modo que este permanece diagnosticável mesmo após a recuperação das informações secretas relacionadas com o doente

A POCT está bem estabelecida em todo o mundo e desempenha um papel vital na monitorização da saúde pública. É um dos padrões de cuidados em situações de catástrofe.

As principais vantagens dos POCT incluem a tomada de decisões e a triagem mais rápidas, a redução rápida dos tempos de operação, com uma maior redução da elevada dependência, o tempo de cuidados pós-operatórios, a redução do tempo nos serviços de urgência, a redução do número de consultas externas e a otimização do tempo dos profissionais de saúde. A comunicação de informações médicas através de sinais requer tanto segurança como autenticação. A ocultação de informações secretas nestes sinais pode causar distorção nos mesmos, o que não é aceitável, uma vez que estes sinais transmitem informações muito importantes necessárias para o diagnóstico e qualquer tipo de distorção pode resultar num diagnóstico incorreto. A incorporação de informações secretas relacionadas com o doente no sinal de ECG pode comprometer informações importantes que transmitem valores de diagnóstico de sinais médicos. Por conseguinte, desenvolver um algoritmo de esteganografia médica altamente seguro é uma tarefa difícil. Assim, identificando os principais desafios de segurança que se colocam a uma rede de sensores para a monitorização da saúde sem fios, o principal objetivo é desenvolver um algoritmo de esteganografia com maior segurança, privacidade, autenticação e integridade dos dados, com mecanismos menos dispendiosos e energeticamente eficientes. Foram propostas técnicas de ocultação de dados que adquiriram grande importância. A ocultação reversível de dados é uma das técnicas de ocultação de dados sem perdas, ou seja, após a extração de todos os dados ocultos, será possível recuperar toda a informação de cobertura original com muito pouca distorção dos dados marcados.

Mais recentemente, tem sido efectuada uma quantidade significativa de investigação para melhorar a eficácia da ocultação de dados. Estas técnicas desenvolvidas pretendem normalmente reforçar a sua eficácia através do aumento da quantidade de dados incorporados, mantendo simultaneamente uma boa qualidade de reconstrução para o suporte de acolhimento.

3.2 Algoritmo proposto

No método proposto, os seguintes mecanismos são incorporados para fornecer um novo algoritmo seguro com distorção mínima para sinais ECG utilizados em sistemas de monitorização de saúde sem fios, que inclui

1. Uma técnica de decomposição de wavelets discretas de cinco níveis para a ocultação de dados em sinais ECG.

2. Algoritmo criptográfico RSA e encriptação e desencriptação assimétricas baseadas em

matrizes de baralhamento para proteger a confidencialidade e a integridade dos dados.

Para avaliar a eficácia do algoritmo proposto no sinal ECG, são utilizadas várias métricas de medição da distorção, como a diferença percentual do erro quadrático médio (PRD), para diferentes combinações de matrizes de baralhamento, e outras métricas de avaliação, como a relação sinal/ruído de pico, para várias capacidades de incorporação.

O lado da fonte do algoritmo de esteganografia proposto consiste em quatro fases unificadas

- Encriptação de informações secretas
- Decomposição Wavelet de sinais ECG do hospedeiro
- Incorporação e codificação de dados secretos
- Recomposição inversa de wavelets.

Suponhamos que o sinal ECG do hospedeiro é uma matriz unidimensional de coeficientes com 7200 amostras amostradas a uma taxa de 360Hz. O ECG do hospedeiro é primeiro decomposto em 32 sub-bandas aplicando uma decomposição de pacotes de wavelets de 5 níveis, como se mostra na figura 1. Em seguida, a informação de texto é encriptada utilizando a técnica RSA e, finalmente, o texto encriptado é incorporado nas sub-bandas wavelet.

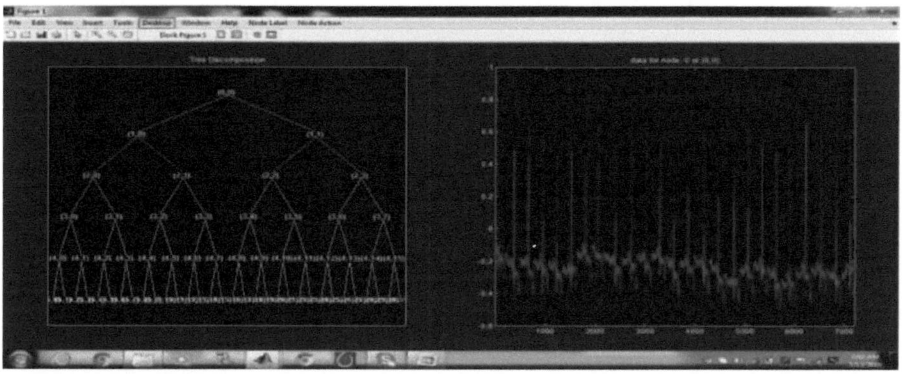

Fig 3.1: Decomposição Wavelet de cinco níveis do sinal ECG

1. Algoritmo RSA

O principal objetivo desta fase é encriptar as informações confidenciais do doente de forma a impedir que pessoas não autorizadas que não possuam a chave partilhada acedam às informações confidenciais do doente.

- Como primeiro passo, precisamos de escolher dois grandes números primos distintos *p* e q.

- O produto de p e q, a que chamamos n, é um componente da "chave pública". Deve ser suficientemente grande para que os números p e q não possam ser extraídos dela - 512 bits no mínimo, ou seja, números maiores que 10. ^154.

- Mais tarde geramos a chave de encriptação e que deve ser co-prima do número

$m = f(n) = (p - 1)(q - 1)$.

- *De* seguida, criamos a chave de desencriptação d *de* modo a que $de \bmod m = 1$. Agora temos as chaves pública e privada.

- seja $y = E(x)$ o parâmetro de cifragem em que x é um número inteiro e y é a forma cifrada de x

$y = x.\text{^}e \bmod n$

- seja $X = D(y)$ o parâmetro de decifração, em que y é um número inteiro cifrado e X é a forma decifrada de y

$X = y.\text{^}d \bmod n$

Algoritmo de incorporação

Após a geração do texto cifrado utilizando o algoritmo RSA, incorporamos a informação secreta encriptada nas sub-bandas obtidas após a decomposição do sinal ECG.

- Converter o texto cifrado em fluxo de dígitos binários.
- A chave partilhada conhecida tanto pelo emissor como pelo recetor.
- A segunda é a matriz de distorção, como se mostra na figura (2), que é armazenada tanto no lado do emissor como no lado do recetor. Cada par emissor/recetor tem a mesma matriz de codificação.
- A matriz de cifragem tem uma dimensão de 128X32 e os elementos da matriz devem estar compreendidos entre 1 e 32, devendo ser satisfeitas as seguintes condições

1. Os elementos duplicados não devem estar presentes na mesma linha
2. A mesma linha não pode ser duplicada.

$$\begin{pmatrix} S_{1.1} & S_{1.2} \cdots\cdots & S_{1.32} \\ S_{2.1} & S_{2.2} \cdots\cdots & S_{2.32} \\ | & | & | \\ | & | & | \\ | & | & | \\ S_{128.1} & S_{128.2} \cdots\cdots & S_{128.32} \end{pmatrix}$$

- Aplicar a operação de escalonamento a cada coeficiente nas sub-bandas.
- Aceder a cada coeficiente da sub-banda em função do número da sub-banda obtido a partir da matriz de baralhamento.
- O nível esteganográfico selecionado para as bandas de um a dezassete é de 5 bits. Uma vez que mais informação é transportada nestes bits.
- O nível de esteganografia selecionado para o resto das bandas é de 6 bits
- Aplicar a operação de escala inversa a cada um dos coeficientes stego nas sub-bandas.
- Aplicar a recomposição wavelet inversa na sub-banda com marca de água para obter o sinal ECG com marca de água.

O nível de esteganografia selecionado para as bandas de um a dezassete é de 5 bits. Uma vez que mais informação é transportada nestes bits.

- O nível de esteganografia selecionado para o resto das bandas é de 6 bits
- Aplicar a operação de escala inversa a cada um dos coeficientes stego nas sub-bandas.

Aplicar a recomposição wavelet inversa na sub-banda com marca de água para obter o sinal ECG com marca de água

Algoritmo de extração

- Aplicar a decomposição wavelet no sinal ECG Stego.
- Efetuar a operação de escalonamento em cada coeficiente das sub-bandas.
- Aceder a cada coeficiente da sub-banda em função do número da sub-banda obtido a partir da matriz de baralhamento.
- Extrair os bits de informação para os LSB's dos coeficientes das sub-bandas.

- Efetuar a desencriptação RSA para obter a informação original.

3.3 Resultados e discussão:

Na GUI 1, o sinal ECG é utilizado como meio de cobertura e é decomposto utilizando a técnica de decomposição wavelet. Na etapa seguinte, a informação do texto secreto é codificada utilizando a técnica de encriptação RSA. O texto encriptado é escondido no sinal de ECG decomposto. Mais tarde, as informações secretas relacionadas com o doente são recuperadas após verificação da chave secreta. A energia do sinal original é comparada com a energia do sinal de ECG marcado com água.

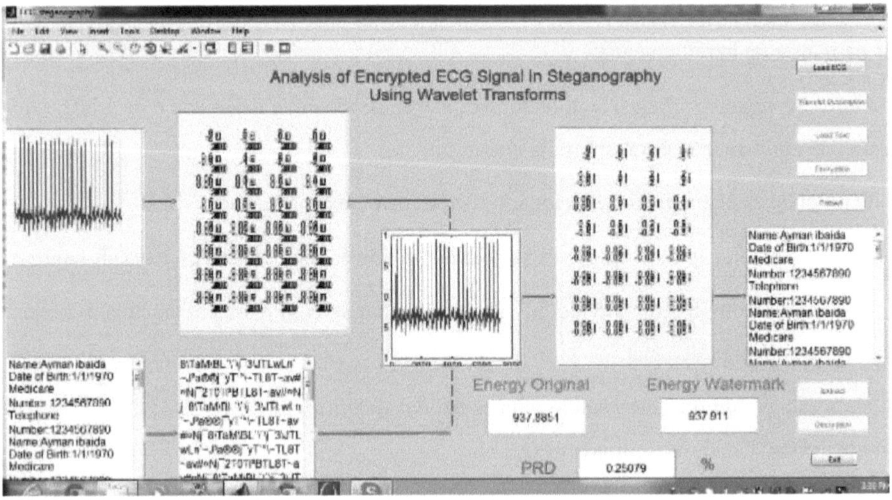

Fig.3.3. GUI1 da esteganografia de ECG com a informação secreta sendo dados de texto.

No GUI 2, o sinal ECG é utilizado como meio de cobertura e a informação secreta é constituída por dados de imagem. Verificou-se que a distorção é menor e, por conseguinte, o sinal ECG permanece diagnosticável mesmo após a recuperação da informação secreta (tanto texto como dados de imagem).

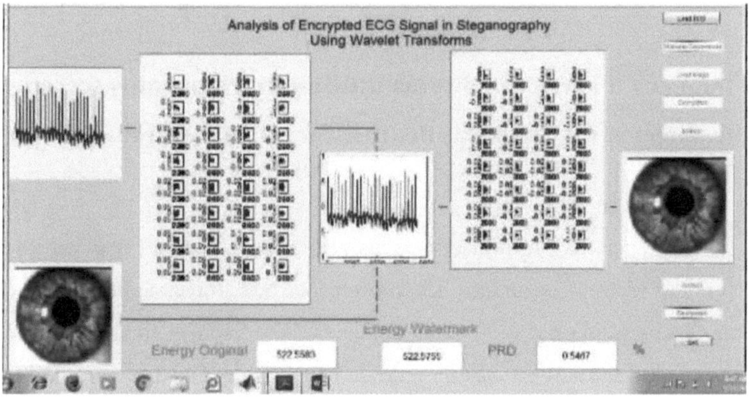

Fig.3.4: GUI2 da esteganografia de ECG com a informação secreta sendo dados de imagem.

O algoritmo proposto permite que o sinal de ECG do paciente cardíaco esconda os dados confidenciais correspondentes do paciente (tanto texto como imagem) e outras informações fisiológicas diversas, assegurando assim a integração entre o ECG e os restantes parâmetros. Para avaliar a eficácia da técnica proposta no sinal de ECG, foram utilizadas duas métricas de medição da distorção: a diferença residual percentual e o PRD ponderado por wavelet. Verifica-se que a nova técnica proposta proporciona uma proteção de alta segurança para os dados dos doentes com uma distorção muito reduzida e que os dados do ECG continuarão a ser diagnosticáveis mesmo após a recuperação de informações secretas dos dados com marca de água.

Capítulo 4

Transmissão de imagens a cores encobertas utilizando fragmentos secretos de imagens em mosaico visível e técnicas de transformação reversível da cor

4.1 Introdução

Nos últimos anos, a segurança das informações sensíveis está a ganhar uma enorme importância na atual era das redes. A segurança das informações que atravessam a Internet é uma questão importante nos últimos anos. Várias aplicações requerem a transmissão de informações de imagens confidenciais através da rede de comunicação, que precisa de ser protegida contra intrusos ou hackers. Um novo tipo de imagem em mosaico, designada por imagem fragmentada em mosaico visível e secreta, é formado para ocultar a existência de informações de imagens secretas e confidenciais, utilizando uma imagem de cobertura adequada.

As informações sobre imagens provenientes de várias fontes diferentes são frequentemente utilizadas e transferidas de forma segura através da rede em vários domínios de aplicação diferentes. Alguns exemplos dessas aplicações são: arquivos empresariais importantes em que a confidencialidade é a caraterística mais desejável, álbuns de fotografias privados ou muito pessoais que precisam de ser transmitidos em segurança em linha, sistemas de armazenamento de documentos secretos e confidenciais, sistemas de processamento de imagens digitais utilizados no domínio médico e bases de dados de imagens militares muito importantes que precisam de ser protegidas. Por conseguinte, estas imagens processadas digitalmente contêm geralmente informações confidenciais muito privadas e muito importantes, pelo que é necessário proteger os dados contra intrusos durante a operação de transmissão através da rede. Muito recentemente, foram implementados vários métodos hábeis para proporcionar uma segurança muito apertada à transmissão de imagens confidenciais através da Internet, dois dos quais são frequentemente utilizados: a abordagem de ocultação de dados e a abordagem de cifragem de imagens.

A informação sob a forma de uma imagem tem uma propriedade natural de elevada redundância e correlação de dados no domínio espacial. Utilizando as caraterísticas supramencionadas da imagem, são efectuados muitos trabalhos de investigação no domínio da segurança e da autenticação. Os algoritmos de encriptação utilizados para a informação de imagens, designada por imagem, utilizam estas propriedades naturais da imagem para autenticar a imagem. A imagem autenticada resultante pode despertar a atenção de um atacante para decifrar a informação secreta devido à sua elevada redundância. Outro método de autenticação da imagem a cores é a técnica de ocultação de dados, em que utilizamos dois tipos de entidades para transmitir a imagem de forma segura.

Uma delas é uma imagem que é necessário transmitir secretamente, designada por imagem de carga ou secreta, e a outra é uma imagem que é utilizada para esconder a imagem secreta, designada por imagem de cobertura ou portadora.

Duas técnicas muito utilizadas para tornar as informações confidenciais seguras são o método de cifragem e a ocultação de dados em qualquer outro suporte de cobertura.

O método de cifragem tradicional garante a segurança, mas o problema do método de cifragem é que a imagem transformada após a cifragem atrai a atenção do intruso ou do hacker, pelo que, após muitas tentativas, pode ser possível que as informações confidenciais sejam decifradas pelo hacker. O segundo método está a ganhar grande importância nos últimos anos, uma vez que consiste em ocultar a própria existência de informações confidenciais, o que pode chamar desnecessariamente a atenção de intrusos. Neste método de ocultação de dados, as informações secretas são escondidas em qualquer suporte, designado por suporte de cobertura, que pode ser um ficheiro de texto, uma imagem, um áudio ou um vídeo. Imagem utilizada no domínio da ocultação de dados

A técnica de transmissão de imagens encobertas tem a potencialidade de comunicar informações sensíveis através da rede de forma segura sob a inspeção de uma autoridade de censura adversa. Já existem na literatura várias técnicas de comunicação secreta para transmitir informações sensíveis sem levantar suspeitas. Mas o algoritmo de transmissão proposto, que utiliza a técnica da imagem em mosaico, permite que a imagem a cores seja transmitida de forma segura dentro da cobertura de outra imagem a cores com a mesma capacidade. Assim, o método proposto garante uma maior capacidade de incorporação e uma elevada segurança, que são as caraterísticas mais desejáveis de qualquer algoritmo de esteganografia.

As imagens são meios de comunicação muito populares utilizados no domínio da esteganografia. No domínio do processamento digital de imagens, existem muitos formatos de ficheiros de imagem diferentes, a maioria dos quais para aplicações específicas. Para estes diferentes formatos de ficheiros de imagem, existem vários algoritmos esteganográficos. Os algoritmos existentes têm algumas desvantagens, como uma menor capacidade de incorporação, menor segurança e degradação da qualidade da imagem recuperada.

A técnica de codificação aritmética é a mais popular para comprimir as imagens de carga útil se o tamanho das imagens secretas for maior do que o das imagens de cobertura armazenadas na base de dados pré-existente. O sistema completo inclui a transmissão segura de imagens para os diferentes tipos de formatos de ficheiros de imagem, como GIF (Graphics Interchange Format), PNG (Portable Network Graphics), JPEG (Joint Photographic Experts Group), etc., utilizados na Internet.

Quando o remetente envia a informação da imagem secreta, o sistema verifica inicialmente se o tamanho da imagem-alvo presente na base de dados para a criação da imagem em mosaico e a imagem secreta são iguais ou não. Se o tamanho da imagem secreta e da imagem-alvo for diferente, o algoritmo de compressão de imagem sem perdas é utilizado para comprimir a imagem secreta de modo a torná-la igual ao tamanho da imagem-alvo como passo inicial. No passo seguinte, cria-se uma imagem em mosaico. Mais uma vez, a informação é incorporada para a recuperação da imagem de carga original. Para aumentar a segurança do método proposto, a informação secreta oculta é encriptada com uma chave secreta. Apenas o recetor autorizado autenticado que possui a chave secreta pode decifrar a informação secreta.

As imagens com conteúdos de informação altamente sensíveis são frequentemente transmitidas através da rede para diferentes aplicações, tais como imagens processadas digitalmente para aplicações médicas e aplicações militares. O principal objetivo de qualquer algoritmo de esteganografia é garantir a segurança da informação sensível contra pessoas não autorizadas através da Internet. Recentemente, foram implementados vários métodos para a transmissão de imagens secretas. Mas estes algoritmos existentes têm limitações como uma menor capacidade de incorporação e a degradação da qualidade da imagem recuperada. Para ultrapassar estas limitações, é proposto um novo método de esteganografia. É conhecido como técnica de imagem em mosaico de fragmentos visíveis. Esta técnica proporciona maior segurança com melhor PSNR e RMSE. A imagem fragmentada é o resultado do rearranjo de blocos da imagem de carga útil na camuflagem de outro suporte chamado suporte de cobertura, que é selecionado inicialmente a partir de uma base de dados existente.

Inicialmente, uma imagem secreta e uma imagem de suporte são divididas em fragmentos de tamanho igual e, em seguida, a imagem de carga útil é encaixada nos blocos da imagem de suporte de acordo com critérios de semelhança relacionados com variações de cor. A informação necessária para a recuperação da imagem secreta a cores é escondida na imagem em mosaico criada. Se o tamanho da imagem de carga for superior ao da imagem de cobertura na base de dados, é utilizada uma técnica de codificação aritmética simples para comprimir a imagem de carga, o algoritmo proposto garante a segurança da informação sensível da imagem a cores a transmitir através da rede.

Para aumentar a segurança da informação sensível no método proposto, os dados secretos são codificados com uma chave secreta. Apenas a pessoa autorizada, que possui a chave secreta, pode descodificar a informação sensível da imagem a cores.

4.2 Algoritmo proposto

Na técnica proposta, é utilizada uma imagem em mosaico visível de fragmentos. Trata-se de um tipo de arte informática único e inovador, denominado técnica de esteganografia de imagens em mosaico, que transforma uma imagem secreta a cores numa imagem secreta em mosaico visível de fragmentos do mesmo tamanho. Inicialmente, escolhe-se aleatoriamente qualquer imagem de cobertura a cores da base de dados existente, que seja semelhante à imagem a cores secreta a transmitir de forma segura e que possa ser utilizada como disfarce para a imagem secreta.

Na fase seguinte, a imagem fragmentada é criada dividindo a informação da carga útil e da imagem de cobertura em mosaicos e ordenando-os de acordo com os valores médios e de desvio padrão dos mosaicos individuais. Posteriormente, as caraterísticas de cor dos fragmentos individuais da imagem secreta são transformadas de acordo com os blocos correspondentes da imagem de cobertura. Estas técnicas desempenham um papel importante na recuperação sem perdas da informação da imagem secreta.

Os dados relacionados necessários para recuperar a imagem de carga útil, como o tamanho do mosaico, os valores correspondentes da média e do desvio padrão, os valores de transformação da cor e a quantidade de graus que cada mosaico é rodado para que pareça semelhante à imagem alvo, são incorporados em fragmentos individuais da imagem em mosaico para a recuperação sem perdas de informações sensíveis sob a forma de imagem de carga útil.

Modelo proposto:

A implementação do sistema tem três fases diferentes

1. Criação de imagens em mosaico
2. Processo de incorporação de informação secreta
3. Carga útil Recuperação de imagens sem perdas

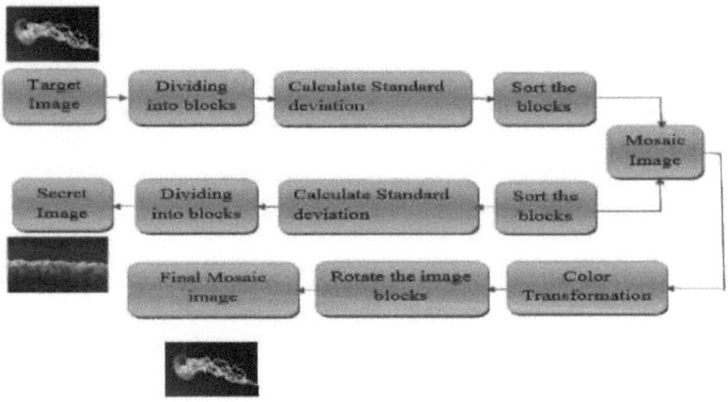

Figura 4.1: Criação de imagens em mosaico

i) Processo de criação de imagens em mosaico:

Passo 1: Selecionar a imagem a ocultar e uma imagem de cobertura escolhida aleatoriamente a partir da base de dados existente.

Passo 2: Redimensionar a imagem secreta para a imagem de cobertura escolhida, se os tamanhos de cada uma forem diferentes

Etapa 3: A imagem de carga útil e as imagens de cobertura são divididas em blocos de 4*4, 8*8, 16*16, 32*32. Escolha o tamanho de bloco adequado, que pode resultar numa menor distorção.

Passo 4: Calcular a média e o valor do desvio padrão de cada bloco da imagem alvo e da imagem secreta e, com base no valor do desvio padrão, organizar os blocos de forma ascendente.

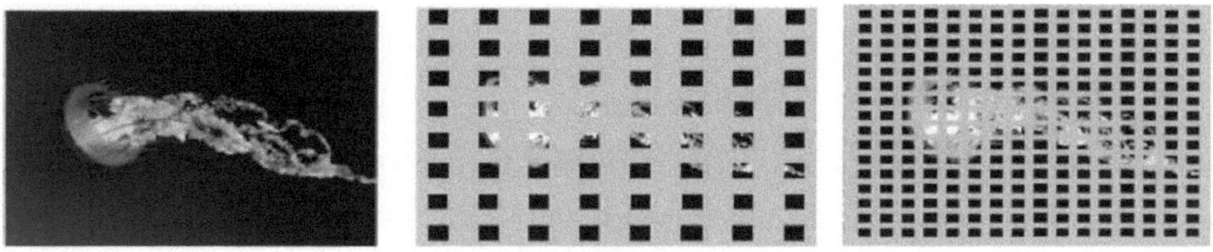

Figura 4.2: Imagem Taget dividida em blocos de diferentes tamanhos.

Média

$$\sigma_c' = \sqrt{\frac{1}{n}\sum_{i=1}^{n}(c_i' - \mu_c')^2}$$

A média determina o valor médio da entrada ou sequência de entradas. A equação para determinar a média de cada mosaico nas imagens alvo e secreta é dada por

Mean of target image: μ_c=– i ; (3.1)

Mean of secret image: μ_c'=– c_i'; (3.2)

Where μ_c represents the Mean of target image block.

C_i and C_i' represents the value of pixels p_i and p_i'.

μ_c' represents the Mean of the secret image tile.

Desvio padrão da imagem de cobertura

$$\sigma_c = \sqrt{\frac{1}{n}\sum_{i=1}^{n}(c_i - \mu_c)^2}, \quad (3.3)$$

Desvio padrão da imagem da carga útil:

$$\sigma_c' = \sqrt{\frac{1}{n}\sum_{i=1}^{n}(c_i' - \mu_c')^2} \quad (4.4)$$

Em que -σ_c representa o desvio padrão do bloco da imagem alvo, σ_c representa o desvio padrão do mosaico da imagem secreta, c_i e c_i' representam o valor dos pixéis p_i e p_i'. μ_c representa a média do bloco da imagem alvo, μ_c ' representa a média do mosaico da imagem secreta.

Etapa 5: Criação da imagem em mosaico

Inicialmente, os sub-blocos são dispostos por ordem ascendente com base no valor do desvio padrão para resultar na formação de uma imagem em mosaico. Como primeiro passo, encaixar o fragmento correspondente na imagem secreta. Repetir o processo com todos os outros fragmentos. Desta forma, forma-se a imagem em mosaico resultante.

Passo 6: Efetuar transformações de cor:

A imagem resultante do mosaico, que é formada a partir do passo anterior, parece semelhante à imagem alvo selecionada, mas chama a atenção de uma terceira pessoa, levantando a suspeita de que a informação secreta está escondida. Assim, aplica-se a transformação da cor utilizando a técnica normal de transformação da cor.

A transformação de cores é efectuada utilizando a técnica padrão de transformação de cores. Sejam *T* e *B* duas variáveis para representar dois conjuntos diferentes de pixéis $\{p_1, p_2, \ldots, p_n\}$ and $\{p'_1, p'_2, \ldots, p'_n\}$ As três cores básicas de cada pixel p_i são designadas por (r_i , g_i , b_i) e a de cada um por (r'_i, g'_i, b'_i). . Inicialmente, os valores das médias e dos desvios-padrão de *T* e *B* são calculados, respetivamente, em cada um dos três canais de cor R, G e B, utilizando as fórmulas abaixo:

$$\mu_c = \frac{1}{n}\sum_{i=1}^{n} c_i, \quad \mu_c' = \frac{1}{n}\sum_{i=1}^{n} c_i' \qquad (4.5)$$

$$\sigma_c = \sqrt{\frac{1}{n}\sum_{i=1}^{n}(c_i - \mu_c)^2}, \quad \sigma_c' = \sqrt{\frac{1}{n}\sum_{i=1}^{n}(c_i' - \mu_c')^2} \qquad (4.6)$$

Em que c_i e c'_i denotam os valores dos pixéis, com

$c = r, g,$ ou b e C=R, G, ou B. Como passo seguinte, calculamos novos valores de cor (r''_i, g''_i, b''_i) para cada p_i em *T* por

$$c_i'' = q_c(c_i - \mu_c) + \mu_c' \qquad (4.7)$$

Em que $q_c = \sigma'_c/\sigma_c$ é o quociente do desvio-padrão e $c = r$, g, ou b. Pode testar-se muito facilmente que a nova média de cor e a variância da imagem de azulejo resultante T estão quase muito próximas das de B, respetivamente. Para calcular os valores de cor originais (r_i, g_i, b_i) de p_i a partir dos novos valores de cor (r''_i, g''_i, b''_i), efectua-se o seguinte cálculo. Este é o inverso de (4.5)

$$c_i = (1/q_c)(c_i'' - \mu_c') + \mu_c \quad (4.8)$$

Além disso, para ocultar informações secretas suficientes na imagem fragmentada criada, e as informações sobre a nova imagem de mosaico T, a fim de recuperar as informações sensíveis da imagem. Para tal, teoricamente

A equação (4.8) é utilizada para calcular o valor original do pixel p_i. No entanto, os valores resultantes da média e do desvio padrão são todos números reais, e não é prático esconder números reais, cada um com muitos dígitos, na imagem fragmentada gerada.

Por conseguinte, é importante comprimir o número de bits utilizados para a representação dos valores apropriados em (4.7) e (4.8). Especificamente, para cada canal de cor R,G,B é permitido que cada uma das médias de T e B tenha uma representação de 8 bits com o seu valor no intervalo de [0 - 255], e o quociente do desvio padrão q_c em (4.7) para ter 7 bits com o seu valor no intervalo de valores de [0.1- 12.8]. Assim, a média é alterada para ser o valor mais próximo no intervalo de [0 - 255], e cada qc é alterado para ser o valor muito próximo, que está no intervalo de [0.1 - 12.8]. O valor de qc é mantido de forma a não ser 0, caso contrário o valor original do pixel não pode ser recuperado por (4.8), uma vez que $1/qc$ em (6) não está definido quando $qc = 0$.

Passo 7: Escolher adequadamente os blocos de destino e rodar os blocos em diferentes ângulos, por exemplo, rodar 0,90,180,270 graus. Utilizar a quantidade de rotação que pode resultar em valores RMSE mais baixos.

Etapa 8: Ocultar as informações importantes necessárias para a recuperação das informações secretas: Para recuperar a informação sensível da imagem stego, é muito importante esconder na imagem stego a informação relevante necessária para a recuperação. Para a incorporação, é utilizada a técnica de substituição LSB. A informação necessária para recuperar o fragmento de imagem secreta T, que é mapeado para o bloco de imagem de cobertura B, inclui

(i) O índice do bloco de cobertura B

(ii) A quantidade de rotação de T

(iii) Desvio-padrão e média dos blocos mapeados da imagem de carga útil e da imagem de cobertura.

Os parâmetros acima referidos são combinados como fluxos de bits de quatro componentes e são finalmente substituídos pelos bits LSB dos pixéis da imagem furtiva.

Passo 9: Processo de recuperação da imagem secreta: Após a recuperação da informação secreta de cada mosaico da imagem em mosaico, rodar cada bloco no sentido inverso pela mesma quantidade na extremidade do transmissor e recuperar o índice correspondente, encaixar o bloco resultante num mosaico inicial de uma imagem vazia. Em seguida, utilizando quocientes de média e desvio padrão para recuperar o mosaico original da imagem secreta. Repetir o processo para os restantes fragmentos. Como passo final, integrar todas as imagens finais recuperadas para formar a informação da imagem sensível desejada.

4.3 Resultados e discussão:

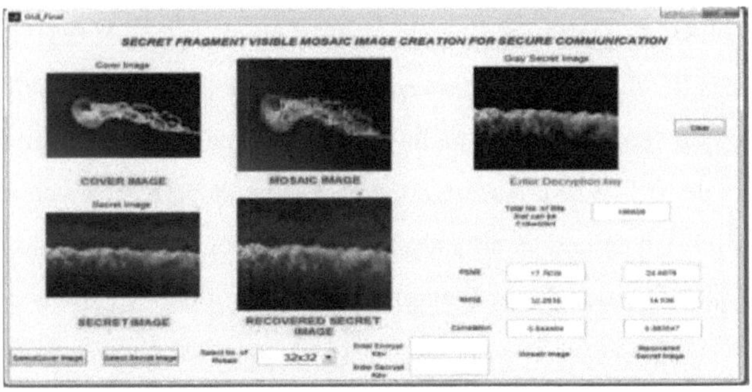

Figura 4.3: Interface gráfica do utilizador-1 que demonstra a técnica do fragmento visível para um tamanho de bloco de 32*32 com os parâmetros de avaliação a serem verificados.

Figura 4.4: Interface gráfica do utilizador-2 que demonstra a técnica do fragmento visível para um tamanho de bloco de 32*32 com os parâmetros de avaliação a serem verificados.

No nosso algoritmo proposto, é abordada uma nova técnica de transmissão segura de imagens. A singularidade deste algoritmo reside no facto de o tamanho da imagem de carga ser igual ao tamanho da imagem de cobertura. Por conseguinte, este algoritmo assegura uma elevada capacidade de incorporação, com uma menor degradação da qualidade da imagem. Utilizando transformações apropriadas da cor dos pixéis e com o movimento angular adequado de cada azulejo, a necessidade de ter uma base de dados pré-existente de imagens com elevada semelhança visual pode ser eliminada e, por conseguinte, qualquer imagem aleatória pode ser escolhida como imagem de cobertura. A avaliação do desempenho do algoritmo proposto é efectuada, o que garante uma boa qualidade da imagem recuperada, bem como uma elevada capacidade de incorporação com maior segurança para dados altamente sensíveis. A aplicação do algoritmo proposto a outros modelos de cor para além do RGB pode ser melhorada.

Considerações sobre segurança

Para aumentar a segurança do algoritmo proposto, a informação oculta para posterior recuperação da imagem secreta é encriptada com uma chave secreta. Apenas o recetor autorizado e autenticado que possui a chave secreta pode decifrar a informação da imagem secreta. No entanto, um espião que não tenha a chave pode tentar todas as permutações possíveis das imagens dos mosaicos na imagem em mosaico para recuperar a imagem secreta. Felizmente, o número de permutações possíveis aqui é $n!$ e, por isso, a probabilidade de ele adivinhar corretamente a permutação é $p=1/n!$ O que é um valor muito pequeno? Por exemplo, para o caso típico em que dividimos uma imagem secreta de tamanho 1024×768 em imagens de mosaico com tamanho de bloco 8×8, o valor n é (1024×768)/(8×8)=12.288.

Assim, a probabilidade de adivinhar corretamente a permutação sem a chave é *1/n*! =1/(12,288!). Assim, a pirataria da informação secreta por esta forma de adivinhação é computacionalmente inviável

Capítulo 5

Comunicação reversível sobre um domínio encriptado utilizando um classificador SVM

5.1 Introdução:

As técnicas de ocultação de dados sem perdas ou reversíveis são um tipo especial de esquemas de incorporação de dados, que permitem a reconstrução com erro zero da informação da imagem de cobertura após a recuperação sem perdas da informação secreta incorporada no sinal do hospedeiro. Esta caraterística é mais desejável em cenários críticos como as aplicações médicas, a deteção remota, as aplicações militares, a legislação forense, etc.

A maioria das técnicas existentes de ocultação de dados de imagem reversível não garante uma recuperação sem distorção dos meios de cobertura, ou seja, a perda de fidelidade do sinal do hospedeiro não pode ser evitada, uma vez que os bits redundantes do sinal do hospedeiro são substituídos pela informação da imagem da carga útil. A maior parte das aplicações dos últimos anos, como a computação em nuvem e outras aplicações que preservam a privacidade, exige o processamento de sinais no domínio cifrado. Em muitos cenários práticos, os terceiros que processam a informação do meio de cobertura não são de confiança. Para proteger a confidencialidade da informação do meio de cobertura, o sinal do anfitrião será encriptado antes de ser comunicado através da rede pública ao centro de dados para análise posterior. Mas a estação de base não tem conhecimento da chave de encriptação secreta acordada entre a parte original e o centro de dados, o que resulta num sistema de gestão de chaves fiável. A imagem portadora é encriptada utilizando a cifra de fluxo AES mais popular e amplamente utilizada no modo CTR, gerando um fluxo de bits pseudo-aleatórios dependente da chave e fazendo XOR com os bits de informação do meio de cobertura. O modo CTR implica que não há preenchimento de bits. Por conseguinte, o comprimento da chave é igual aos dados de entrada a encriptar.

A informação da carga útil é inicialmente comprimida sem perdas utilizando a técnica de codificação Huffman para obter uma maior capacidade de incorporação. A codificação é conseguida através da atribuição de um código de comprimento variável aos caracteres de entrada e o comprimento do código baseia-se na frequência de ocorrência.

O passo seguinte no algoritmo proposto consiste em esconder a informação secreta através da técnica de modulação de chave pública e a recuperação simultânea da informação secreta e da informação do meio de cobertura na extremidade do descodificador ocorre através da separação de blocos encriptados e não encriptados utilizando o poderoso e mais popular classificador SVM de duas classes.

A máquina de vectores de suporte é uma técnica de aprendizagem automática bem supervisionada utilizada para a classificação de imagens. As SVM baseiam-se no método de escolha de um hiperplano ideal que categoriza os conjuntos de dados em duas classes da melhor forma. A classificação é efectuada de acordo com os passos seguintes:

- Definição das classes para classificação
- Identificação das caraterísticas para seleção
- Dados treinados para amostragem
- Decidir a regra para a categorização subsequente

Uma vez que a recuperação da informação secreta e da informação do meio portador ocorre simultaneamente, esta técnica pode ser classificada como um esquema de ocultação de dados reversível não separável.

O trabalho proposto é uma nova estrutura para um esquema reversível de ocultação de dados num meio de cobertura encriptado. As técnicas reversíveis de ocultação de dados estão a ganhar grande importância nos últimos anos devido à sua excelente caraterística de permitir a reconstrução com distorção zero tanto da informação do meio de cobertura como da informação dos dados secretos, protegendo simultaneamente a confidencialidade da informação da imagem de carga útil. Propomos um algoritmo em que a imagem de cobertura encriptada é gerada por XOR bit a bit da informação do meio de cobertura com o fluxo de chaves. A ocultação de dados no domínio encriptado é conseguida através de um esquema de modulação de chave pública. Antes da incorporação da informação secreta, é utilizada a técnica de codificação Huffman para comprimir a informação da carga útil sem perdas. No recetor, é utilizado um poderoso e mais popular classificador de máquina de vectores de apoio para separar blocos de imagem encriptados e não encriptados utilizando vectores de apoio, que definem o hiperplano. Quatro das caraterísticas selecionadas para classificar blocos encriptados e não encriptados são

- Variação dos pixels nas quatro direcções

- Entropia
- Desvio padrão
- Histograma

Isto permite a descodificação simultânea da informação secreta, bem como da informação do meio de cobertura. Posteriormente, é aplicada a técnica de descodificação Huffman para recuperar a informação da carga útil sem perdas.

5.2 Algoritmo proposto

No codificador:

1. Carregar uma imagem de suporte de tamanho 512X512

2. A imagem portadora é encriptada por XOR de bits de informação da imagem de cobertura com o fluxo de chaves. No método proposto, assume-se o AES no modo CTR

$$[[C]] = Enc\ (C, Key) = C \oplus K1$$

Em que C é a imagem portadora original

[[C]] é a imagem de suporte encriptada

K1 é o fluxo de bits gerado como chave de informação secreta

No algoritmo proposto, assume-se que todas as imagens têm 8 bits e representam 256 níveis de cinzento.

No final do descodificador, o primeiro nível da função de descodificação é

$$C = Dec\ ([[C]], K1) = [[C]] \oplus K1$$

3. Os bits de informação secreta são comprimidos utilizando a técnica de codificação de Huffman, que é uma técnica de compressão sem perdas, o que resulta numa maior capacidade de incorporação em comparação com as técnicas existentes.

4. Dividir a imagem de cobertura encriptada [[C]] numa série de blocos não sobrepostos $[[C]]_i$ de dimensão AxB , em que i representa o índice do bloco. Em cada um destes blocos, são escondidos n bits de informação secreta sem perdas.

Se o número de blocos resultantes = N, então a capacidade de ocultação do algoritmo proposto = Nn bits.

5. Como passo seguinte, gerar P= 2^n número de chaves públicas. Ou seja, se n=4, devem ser geradas 16 chaves no total. Supondo que o tamanho de cada bloco é 8x8, com um total de 64 bytes de informação em cada bloco, então o tamanho de cada chave pública é 64 bytes.

Size of block [8x8=64 columns]

2^3 Size Rows

	1	2	3	...	...	...	...	63	64
Q1	2	4	50	...	...	...	...	120	255
Q2	0	1	14	...	...	...	...	250	25
Q3	10	15	20	...	...	...	...	19	30
Q4	60	62	84	...	...	...	...	94	104
Q5	20	40	60	...	...	...	...	80	100
Q6	120	140	160	...	...	...	...	180	200
Q7	6	9	12	...	...	...	...	100	160
Q8	25	35	45	...	...	...	...	55	65

Fig. 5.1: Tabela de encriptação de chave pública

As condições que têm de ser cumpridas durante a geração de chaves públicas são

- Cada linha da matriz de chaves públicas deve ser única
- Nenhum elemento de cada linha deve ser repetido

- Os elementos da matriz podem assumir qualquer valor inteiro de 0 a 255, representando 8 bits de nível de cinzento.

Todas as chaves públicas são predefinidas num ocultador de dados e na extremidade do recetor. Por conseguinte, não há necessidade de as transmitir durante a fase de ocultação dos dados.

6. Passos para a ocultação de dados

A informação da imagem secreta comprimida é convertida numa série de bits.

- Se optarmos por incorporar 4 bits de informação secreta em cada bloco da imagem portadora encriptada, encontraremos a representação decimal dos primeiros quatro bits da informação de carga útil. Por exemplo, se os primeiros quatro bits forem 1101, o seu equivalente decimal é 13.
- Selecione P_{13} como a chave pública associada.
- XOR o primeiro bloco de informação de píxeis da imagem de cobertura cifrada que representa os bits com a chave P_{13} da matriz de chave pública.

$$[[C]]^e = [[C]]_i \oplus P_d$$

Onde d representa o equivalente decimal de cada um dos n bits

$[[C]]^e$ representa a imagem de cobertura encriptada após a incorporação dos dados.

- Aumentar o índice do bloco da imagem de cobertura e repetir os passos 2 a 4 até que todos os bits de informação da carga útil estejam ocultos.

No descodificador:

1. Como primeiro passo, a imagem de cobertura encriptada, que transporta a informação secreta em blocos divididos, sob a forma de índice de chave pública, é desencriptada por XOR com o mesmo fluxo de bits utilizado no lado do codificador.

2. No passo seguinte, é utilizado um poderoso classificador SVM de duas classes para classificar a imagem encriptada e a imagem original não encriptada. Sete das caraterísticas da imagem utilizadas no algoritmo proposto para classificação são

(i) A variação dos pixels nas quatro direcções é designada por (v1,v2,v3,v4)

(ii) A entropia, que é uma medida de aleatoriedade estatística, utilizada para caraterizar a textura da imagem de entrada, é designada por "E".

(iii) Desvio padrão , que representa a indicação da distância a que as respostas individuais dos pixels se desviam da média. É denotado por "σ".

(iv) Valores do histograma, que é uma representação gráfica da distribuição tonal de uma imagem. É designado por "H".

No total, o vetor de caraterísticas utilizado para a classificação é

F = [v1, E, σ, H, v2, v3, v4]

3. O classificador SVM treinado offline é utilizado para categorizar blocos de imagem encriptados e não encriptados no processo de recuperação de informação secreta e desencriptação da imagem de cobertura. O descodificador possui a chave pública de descodificação e tenta recuperar simultaneamente a informação secreta e a informação original da imagem portadora com distorção zero.

C= [[C]]e xor Pd

Cada bloco deve corresponder a um dos elementos da tabela de chaves públicas. Para identificar o elemento que corresponde ao bloco de imagem original (não encriptado), são utilizadas caraterísticas selecionadas para o classificador SVM de duas classes.

4. É extraído o valor do índice da chave pública, que é uma representação decimal dos bits da informação secreta.

5. Se a chave pública associada for P13 , então é descodificada como 1011

6. Descodificar cada bloco da imagem para reconstruir a imagem de cobertura.

7. Nesta fase, os bits de informação secreta recuperados estão comprimidos. Agora, a técnica de descodificação Huffman é utilizada para descomprimir e recuperar a informação secreta original sem perdas.

8. Estimar a capacidade do algoritmo de ocultação de dados.

5.3 Resultados e discussão

Nesta secção, avaliamos experimentalmente a eficácia do algoritmo proposto, considerando cerca de 50 tipos diferentes de imagens de teste, como imagens artificiais, sintéticas e textuais de tamanho 512X512. As figuras 5.2 e 5.3 mostram a GUI considerando dois tipos diferentes de informação de carga útil, ou seja, texto e dados de imagem. A eficácia do algoritmo é avaliada através de parâmetros como a exatidão, a capacidade e o número de blocos de erro, considerando vários tamanhos de blocos da imagem de cobertura segmentada.

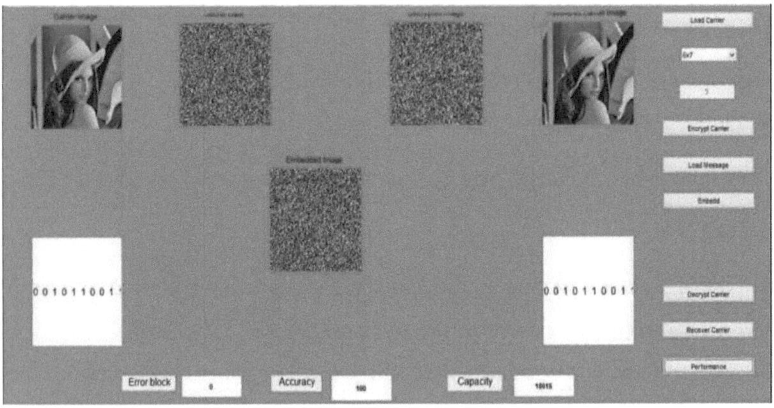

Fig 5.2 : GUI do algoritmo proposto considerando a informação da carga útil como dados de texto

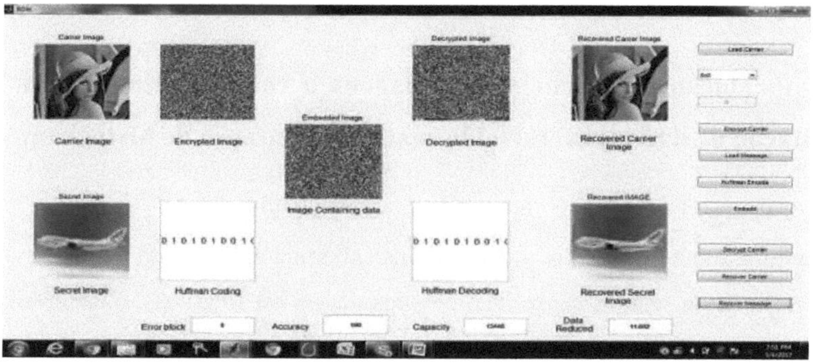

Fig. 5.3: GUI do algoritmo proposto considerando a informação da carga útil como dados de imagem

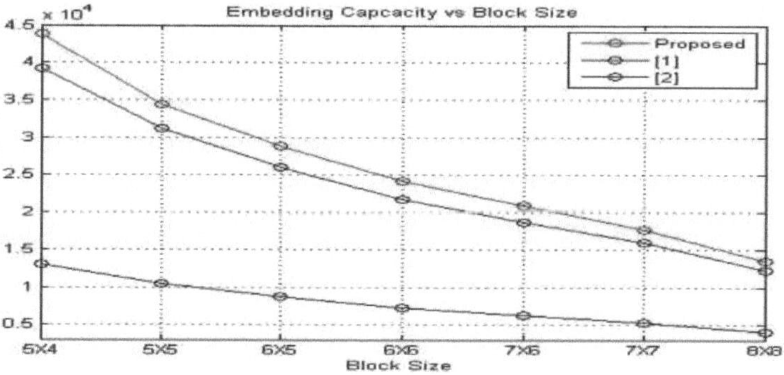

Fig. 5.4: Gráfico da capacidade de incorporação versus tamanho do bloco

A Fig. 5.4 mostra o gráfico da capacidade de incorporação em função do tamanho do bloco e, a partir desse gráfico, observa-se que a capacidade de incorporação diminui à medida que o tamanho do bloco aumenta

O algoritmo proposto é uma nova técnica segura e reversível de ocultação de dados, que considera os dados de texto e de imagem como informação secreta. Um poderoso classificador SVM treinado off-line de duas classes é utilizado no lado do descodificador para discriminar blocos de imagem encriptados e não encriptados. A classificação é feita com base em sete valores de caraterísticas, integrando as caraterísticas de múltiplas perspectivas. São apresentados resultados experimentais adequados para provar a eficácia do algoritmo proposto. Os resultados da avaliação experimental provam que o algoritmo proposto oferece uma capacidade adequada e uma técnica de ocultação de dados reversível sem erros. A técnica proposta pode ser melhorada considerando uma imagem de cobertura a cores.

Capítulo 6

Proteção de informação confidencial de imagens a cores utilizando uma técnica de ocultação de dados reversível baseada na mudança de histograma

6.1 Introdução:

A ocultação de dados é a arte de incorporar dados numa cobertura digital, com um mínimo de degradação percetível, ou seja, os dados incorporados devem ser invisíveis e inaudíveis para um observador humano. O principal objetivo da ocultação de dados é ocultar mensagens no suporte original para proteger os direitos de propriedade intelectual, para partilhar mensagens secretas ou para autenticação de conteúdos. No entanto, o meio original será permanentemente alterado e não poderá ser completamente reconstruído após a extração da imagem secreta, se a informação de recuperação não for fornecida. Em algumas aplicações, como a imagiologia médica, a teledeteção e a imagiologia militar, não é permitida uma ligeira distorção. Por conseguinte, as técnicas de ocultação reversível de dados tornaram-se um importante tópico de investigação nos últimos anos. A ocultação reversível de dados é uma das técnicas de ocultação de dados, também designada por ocultação de dados sem perdas, que permite a recuperação exacta da imagem original a partir da imagem marcada após a extração dos dados incorporados. Mais recentemente, tem sido efectuada uma quantidade significativa de investigação para melhorar a eficácia da ocultação de informação. Estas técnicas desenvolvidas pretendem normalmente reforçar a sua eficácia aumentando a quantidade de dados incorporados, mantendo simultaneamente uma boa qualidade de reconstrução para o suporte hospedeiro. As metodologias desenvolvidas ao longo desta linha de investigação para a ocultação reversível de dados podem ser classificadas em duas áreas principais: (1) as abordagens baseadas na expansão da diferença e (2) as abordagens de ocultação de dados baseadas em histogramas. A parte principal do processo de incorporação reversível de dados consiste em encontrar a área incorporada na imagem ou na imagem a cores. A área de incorporação pode ser identificada utilizando a redundância na imagem ou na imagem a cores. A área de incorporação pode ser alargada utilizando a previsão do valor do pixel e/ou utilizando histogramas de imagem.

No sistema proposto, a imagem a cores é utilizada como entrada. Aqui revisitamos a técnica de deslocação do histograma e apresentamos um quadro geral para construir um algoritmo RDH baseado em HS, concebendo simplesmente as chamadas funções de deslocação e de incorporação. Espera-se que possam ser criados algoritmos RDH mais eficientes de acordo com o quadro proposto, concebendo cuidadosamente as funções de deslocação e de incorporação. Neste capítulo, é apresentado um novo algoritmo reversível de ocultação de dados, que pode recuperar a imagem original sem qualquer distorção da imagem marcada depois de os dados ocultos terem sido extraídos. Este algoritmo utiliza os pontos zero ou mínimos do histograma de uma imagem e modifica ligeiramente os valores dos píxeis para incorporar dados na imagem. Pode incorporar mais dados do que muitos dos algoritmos reversíveis de ocultação de dados existentes. Foi provado analiticamente e demonstrado experimentalmente que a relação sinal/ruído (PSNR) da imagem marcada é garantidamente superior a 48db.

6.2 : Algoritmo proposto:

Considere-se uma imagem de cobertura A, uma matriz quadrada bidimensional de 8 bits de tamanho NXN. A imagem de cobertura é dividida em vários blocos de diferentes tamanhos e sem sobreposição. Esta segmentação é efectuada através de uma abordagem denominada Segmentação em árvore quádrupla, que é uma técnica de segmentação hierárquica.

- i) Segmentação em árvore quádrupla: Neste algoritmo, escondemos a carga de pagamento utilizando a técnica de deslocação do histograma em blocos de pixéis não sobrepostos. Como primeiro passo, particionamos a imagem de entrada e estes blocos de imagem individuais são organizados numa estrutura de árvore quádrupla.

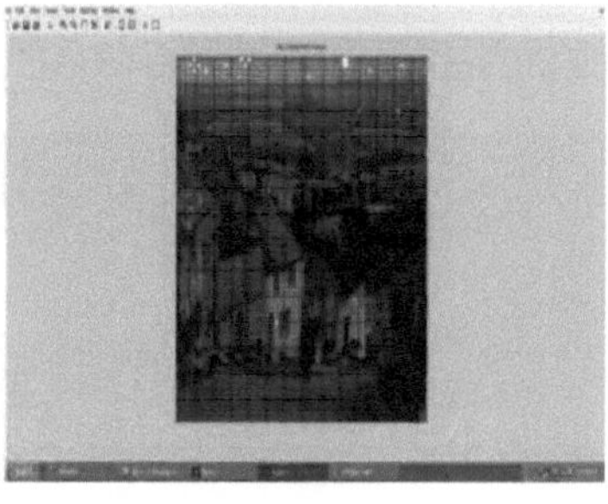

Fig 6.1 Decomposição em árvore quádrupla

- Inicialmente, a imagem de cobertura é provisoriamente dividida em quatro sub-blocos.
- Em seguida, é necessário decidir se é ou não necessária uma nova divisão
- A quantidade de informação que pode ser escondida em quatro blocos é avaliada individualmente.

- Se a capacidade total de ocultação de quatro sub-blocos for superior à do bloco de entrada, é tomada a decisão de o dividir em mais quatro sub-blocos.
- Se o critério acima mencionado não for satisfeito, então o bloco de entrada é considerado como um nó terminal da estrutura em árvore e não é mais particionado.
- Após a divisão do bloco de entrada, os quatro sub-blocos individuais são novamente considerados como o bloco de entrada para posterior partição da estrutura em árvore quádrupla.
- O processo acima referido é repetidamente continuado até que todas as partições de blocos sejam percorridas.

Algoritmo de incorporação

Depois de obtermos blocos incorporáveis a partir de segmentações de árvores quádruplas, incorporamos dados secretos nestes blocos utilizando Histogram Shifting.

- Gerar o histograma do bloco. Encontrar os pontos máximos e mínimos.
- Deslocar o histograma entre o ponto máximo e o ponto mínimo. Por exemplo, o nível de cinzento do pixel que está entre 3 e 7 deve ser aumentado em 1.
- Converter o número de fluxos de bits da imagem secreta.
- Examinar todos os pixels do bloco. Se for encontrado um pixel com nível de cinzento igual a 3, verificar os bits de dados a incorporar; se os dados a incorporar forem "1", o valor do pixel aumenta em 1, caso contrário o nível de cinzento do pixel permanece intacto.

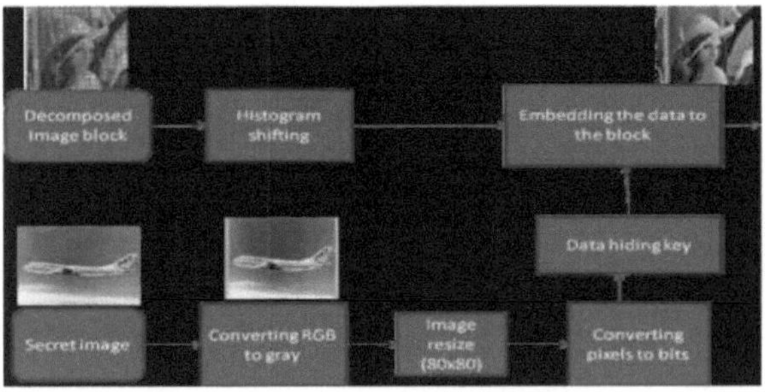

Fig6.2: Processo de incorporação de dados

Algoritmo de extração

- A imagem inteira é digitalizada. Se o valor da escala de cinzentos de um pixel for igual à chave, é extraído um bit "0". Se o valor do pixel for igual à chave +1, é extraído um bit "1".

- Deslocar o histograma de toda a imagem para trás.
- Podemos obter as informações sobre o ponto máximo e o ponto mínimo de um bloco e o fluxo de bits da árvore quádrupla, utilizando o fluxo de bits da árvore quádrupla para gerar os blocos incorporáveis na árvore quádrupla da segmentação da imagem.
- Podemos obter cada carga útil escondida em cada bloco. Fazer o processo de extração bloco a bloco.
- Combinar os dados da carga útil do bloco e obter os dados secretos.

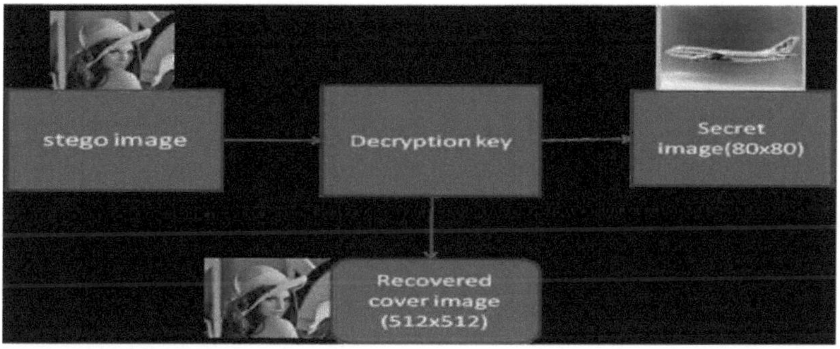

Fig. 6.3: Processo de extração de dados reversível

6.3 Resultados e discussão:

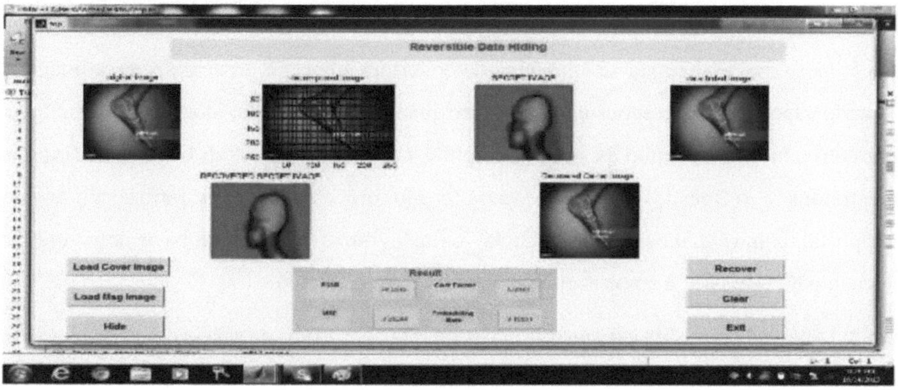

Fig6.4: GUI1 da técnica de ocultação de dados reversível.

Na GUI 1, a imagem a cores é utilizada como imagem de cobertura e é decomposta utilizando a técnica de decomposição quadtree. No passo seguinte, a informação de outra imagem a cores é escondida na imagem de cobertura encriptada sem perdas. Mais tarde, a imagem de cobertura, bem como a carga útil, são recuperadas de forma reversível. Os parâmetros MSE, PSNR, fator de correlação e capacidade de incorporação são tabulados.

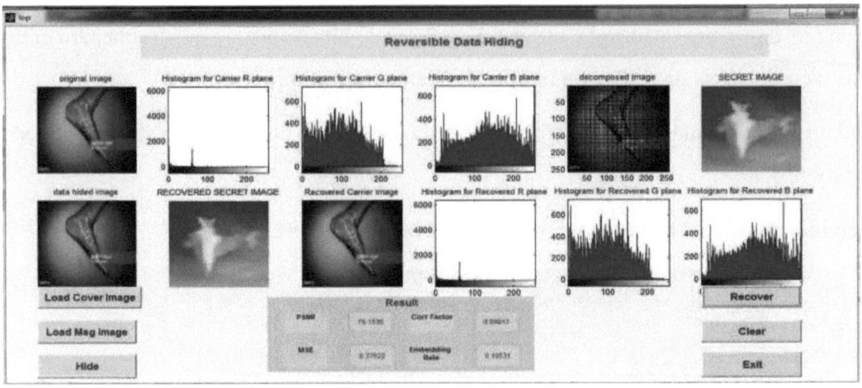

Fig6.5: GUI 2 da técnica de ocultação de dados reversível com gráficos de histograma

No GUI2, a imagem a cores está a ser utilizada como imagem de cobertura. O gráfico do histograma nos planos R, G e B é traçado e, após a segmentação, a imagem secreta é escondida sem perdas. Depois de a informação secreta ser recuperada da imagem de cobertura, é traçado o histograma nos planos R, G e B e verifica-se que é muito semelhante ao histograma da imagem de cobertura original.

As figuras acima mostram a GUI da técnica de ocultação de dados reversível para imagens a cores

Passo 1: Neste passo, carrega-se a imagem de cobertura a cores e processa-se essa imagem. Utilizando a técnica de decomposição em árvore quádrupla, são produzidos blocos de imagem vazios com o mesmo tamanho da imagem original. Os valores dos pixels da imagem original são extraídos e reforçados no bloco vazio e são processados para formar a imagem decomposta, como se mostra. De seguida, o histograma de cada bloco é construído e deslocado para se passar à etapa seguinte.

Passo 2: Uma vez carregada a imagem a cores secreta, os valores de pixéis dessa imagem são convertidos em valores binários para ocultar a imagem secreta na imagem de cobertura, pelo que esta imagem carregada será escondida na imagem a cores de cobertura original.

Passo 3: O histograma é construído para cada bloco da imagem decomposta e, em seguida, o histograma construído é deslocado para criar uma caixa vazia entre o ponto máximo e o ponto mínimo. Agora, os valores binários convertidos são forçados a esses valores bin. A figura seguinte mostra o histograma da imagem objeto de stego e a diferença entre a imagem original e a imagem objeto de stego pode ser vista na GUI acima.

Passo 4: Neste processo, a imagem de cor secreta e a imagem original são extraídas da imagem Stego. Utilizando o mesmo ponto máximo e o mesmo ponto mínimo que foram utilizados para esconder os dados, os mesmos pontos são utilizados para recuperar a informação sob a forma de imagem. O histograma de cada nível é obtido, o histograma da imagem original, o histograma da imagem Stego e o histograma da imagem recuperada, como se mostra acima. Aqui, a imagem secreta extraída é conhecida como imagem secreta recuperada e a imagem portadora recuperada.

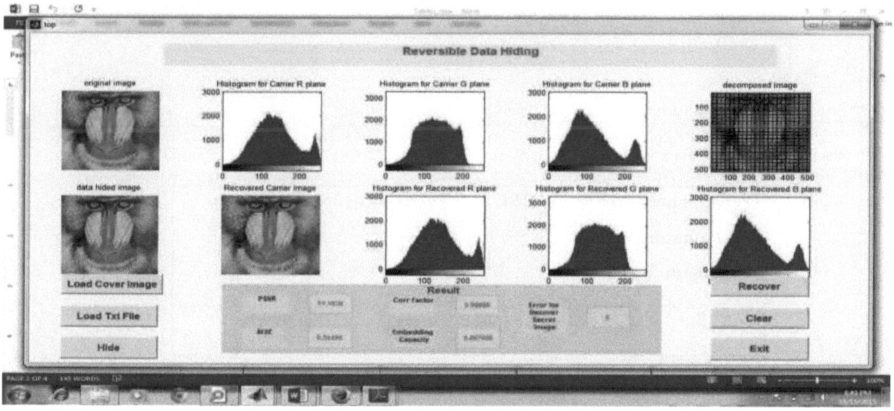

Fig6.6: GUI 3 para a ocultação reversível de dados com a informação secreta a ser texto

Na GUI 3, os dados de texto estão escondidos numa imagem de cobertura a cores. O gráfico do histograma da imagem de cobertura nos planos R, G e B é apresentado antes da incorporação e depois da extração dos bits secretos. Ambos são muito semelhantes, o que prova a reversibilidade.

Avaliação do desempenho do método RDH proposto:

Tamanho da imagem secreta= 50X50X8X3

Taxa de incorporação= (Número de bits da imagem secreta)/ (tamanho da imagem portadora)

Os resultados tabulares abaixo mostram que, à medida que o tamanho da imagem varia, o PSNR, o MSE e a capacidade de incorporação utilizando o algoritmo proposto variam

Tabela 6.1: Resultados obtidos para a imagem DICOM

Transportadora Imagem Tamanho	PSNR	MSE	Incorporação Taxa	Correlação Fator
256X256	85.707	0.25978	0.19531	1
512X512	90.9419	0.12024	0.048828	1
1024X1024	89.5391	0.15766	0.012207	1

Fig 6.7: DICOM Image.

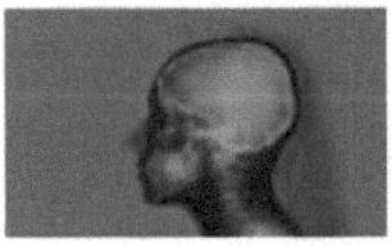

Fig6.8: Aero Image

Fig 6.9 :Lena Image

Tabela 6.2: Resultados obtidos para a imagem Aero

Transportadora Tamanho da imagem	PSNR	MSE	Incorporação Taxa	Correlação Fator
256X256	72.1934	0.51666	0.19531	0.99998
512X512	74.8545	0.38624	0.048828	0.99998
1024X1024	75.4935	0.35756	0.012207	0.99998

Tabela 6.3: Resultados obtidos para a imagem Lena

Imagem da transportadora tamanho	PSNR	MSE	Incorporação Taxa	Correlação Fator
256X256	71.5088	0.51684	0.19531	1
512X512	73.881	0.40199	0.048828	1
1024X1024	74.0179	0.39089	0.012207	1

Discussão sobre os resultados:

A tabela acima mostra que o método adotado assegura uma maior PSNR e MSE em comparação com os métodos anteriores de técnicas reversíveis de ocultação de dados com uma maior capacidade de incorporação.

Nesta metodologia, foi proposta uma técnica de ocultação de dados reversível baseada na deslocação do histograma para imagens a cores, que pode resultar numa elevada qualidade visual e numa elevada capacidade de incorporação. Foram propostos e implementados métodos de decomposição em árvore quádrupla e de mudança de histograma. Todos estes métodos foram considerados fiáveis para ocultar os dados e recuperá-los, recuperando também a imagem de cobertura. A caraterística mais útil do nosso algoritmo proposto é o facto de poder ser aplicado mesmo a imagens DICOM. A avaliação e análise da qualidade é feita através da tabulação dos valores calculados utilizando algumas matrizes como MSE, fator de correlação, capacidade de incorporação e PSNR. Neste documento, foi proposto e implementado com êxito um método reversível de ocultação de dados baseado na deslocação de histogramas, que também produz imagens stego de elevada qualidade, utilizando uma estratégia de divisão hierárquica de blocos. O processo de estimativa é uma espécie de pesquisa de árvore óptima sob a estrutura de árvore quádrupla construída pela divisão hierárquica de blocos.

Referências

[1] AymanIbaida e Ibrahim Khalil," Wavelet based ECG steganography for protecting patient confidentialinformation in point of care systems," IEEE Trans.Biomedical Engineering, vol. 60, no. 12, December 2013.

[2] Pawar Kshetramala Dilip, Prof. V. B. Raskar "Escondendo informações confidenciais do paciente no sinal de ECG usando a técnica DWT" Jornal Internacional de Pesquisa Avançada em Engenharia e Tecnologia da Computação (IJARCET) Volume 4 Edição 2, fevereiro de 2015

[3] Anusha.T, Karthikkumar.B, Thilaka.K "Sistema de monitorização de doentes seguro baseado em DWT" Jornal Internacional de Tendências e Tecnologia de Engenharia (IJETT) - Vol 9 Número 14 - Mar 2014

[4] M. Sabarimalai Manikandan, Student Member, IEEE, e S. Dandapat, Member, IEEE "Multiscale Entropy-Based Weighted DistortionMeasure for ECG Coding" IEEE SIGNAL PROCESSING LETTERS, VOL. 15, 2008 page no:829

[5] Nilanjan Dey, Sayantan Mukhopadhyay, Achintya e Sheli Sinha Chaudhari, "Análise dos componentes P-QRS-T modificados pela técnica de marca de água cega dentro do sinal de ECGs para autenticação em telecardiologia sem fio usando DWT".International Journal of Image, Graphics, SignalProcessing, vol. 4, no 7, julho de 2012.

[6] Hamid.A.Jalab,A.A.Zaidan,B.B.Zaidan" New Design fo Information Hiding with in Steganography Using Distortion Techniques" IACSIT International Journal of Engineering and Technology Vol.2, no.1, February ,2010, ISSN:1793-8236

[7] L. Brechet, M. F. Lucas, C. Doncarli, e D. Farina, Compression of biomedical signals with mother wavelet optimization and best-basis wavelet packet selection," IEEE Trans. Biomed. Eng., vol. 54, no. 12, pp. 2186-2192, Dez. 2007.

[8] Z. Lu, D. Y. Kim e W. A. Pearlman, "Compressão Wavelet de sinais ECG pelo método de partição de conjuntos em árvores hierárquicas", IEEE Trans. Biomed. Eng., vol. 47, no. 7, pp. 849-856, Jul. 2000.

[9] H. wang, D. Peng, W. Wang, H. Sharif, H. chen, e .Khoynezhad, "Resource- aware secure ECG healthcare monitoring through body sensor networks," IEEE WirelessCommun., vol. 17, n.º 1, pp. 12-19, Fev. 2010.

[10] F. Hu, M. Jiang, M. Wagner e D. Dong, "Privacy-preserving telecardiology sensor networks: towards a low-cost portable wireles hardware/software co design", IEEE Transactions on Information Technology in Biomedicine, vol. 11, n.º 6, pp. 619-627, 2007.

[11] K. Zheng e X. Qian, "Reversible Data Hiding for Electrocardiogram Signal Based on Wavelet Transforms," in International Conference on Computational Intelligence and Security, 2008. CIS'08, vol. 1, 2008.

[12] S. Kaur, R. Singhal, O. Farooq, e B. Ahuja, "Digital Watermarking of ECG Data for Secure Wireless Commuication," in 2010 International Conference on Recent Trends in Information, Telecommunication and

Computing. IEEE, 2010, pp. 140-14

[13] Y. Zigel , A. Cohen e A. Katz, "A medida de distorção de diagnóstico ponderada (WDD) para compressão de sinal ECG", IEEE Trans. Biomed.Eng., vol. 47, no. 11, pp. 1422-1430, Nov. 2000.

[14] Anitha Devi M.D, Dr. K.B.ShivaKumar "Proteção de informação confidencial de imagens a cores com base numa técnica de ocultação de dados reversível (PCCIRT) "Conferência internacional sobre computação e comunicações em rede (CoCoNet'15), 16-19 de dezembro de 2015.

[15] A.Al-Fahoum, "Avaliação da qualidade das técnicas de compressão de ECG utilizando uma medida de diagnóstico baseada em wavelets", IEEE Trans. Inf. Technol.Biomed., vol. 10, no. 1, pp. 182-191, Jan.2006.

[16] O. Rosso, S. Blanco, J. Yordanova, V. Kolev, A. Figliola, M. Schurmann e E. Basar, "Wavelet entropy: A new tool for analysis of Short duration brain electrical signals," Neurosci. Meth., vol. 105, pp. 65-75,2001.

[17]Cryptograhy: EUROCRYPT'94, LNCS, vol. 950, pp. 1-12, 1995. "Novel Authentication System Using Visual Cryptography," Jaya, Siddharth Malik, Abhinav Aggarwal, Anjali Sardana, Indian Institute of Technology Roorkee, India.

[18]"Secure Authentication using Image Processing and Visual Cryptography for Banking Applications," Chetana Hegde , Manu S , P Deepa Shenoy , Venugopal K R , L M Patnaik Department of Computer Science and Engineering University Visvesvaraya College of Engineering, Bangalore University, Bangalore 560 001, India.

[19]"Visual Cryptography Improvises the Security of Tongue as a Biometric in Banking System "Sowmya Suryadevara, Rohaila Naaz, Shweta, Shuchita Kapoor, Anand Sharma, Computer Science Dept. Mody Institute of Technology Laxmanghar, Rajasthan, India.

[20]"Online Voting System Powered By Biometric Security Using Steganography," Shivendra Katiyar, Kullai Reddy Meka, Ferdous A. Barbhuiya, Sukumar Nandi Department of Computer Science and Engineering Indian Institute of Technology Guwahati, India - 781039.

[21]"A Tutorial Review on Steganography", Samir K Bandyopadhyay, Debnath Bhattacharyya, Debashis Ganguly, Swarnendu Mukherjee e Poulami Das, Universidade de Calcutá, Departamento de Ciências e Engenharia da Computação, Heritage Institute of Technology, Anandapur, Calcutá - 700107.

[22]"Multilayer Information Hiding -A blend of Steganography and Visual Cryptography," Jithesh k , Dr. A V Senthil Kumar, Department of Computer Science, Hindustan College of Science & Commerce, Coimbatore-641006, Tamil Nadu.

[23] "Evaluation of Huffman and Arithmetic Algorithms for Multimedia Compression Standards", Asadollah Shahbahrami, Ramin Bahrampour, Mobin Sabbaghi Rostami, Mostafa Ayoubi Mobarhan, Department of Computer Engineering, University of Guilan, Rasht, Irão.

[24] "Image Compression Using Discrete Wavelet Transform," Bhonde Nilesh, Shinde Sachin, Nagmode Pradip, D.B. Rane.

[25] Jiantao Zhou, Li Dong, Xianming Liu, Oscar C.Au e Yuan yan Tang, "Esconder dados de imagens reversíveis seguras sobre o domínio encriptado através da modulação de chaves", transacções do IEEE sobre circuitos e sistemas para tecnologia de vídeo, Vol 26, n.º 3, março de 2016

[26] Xinpeng Zhang, "Reversible Data Hiding in Encrypted Image", IEEE SIGNAL PROCESSING LETTERS, VOL. 18, NO. 4, ABRIL 2011

[27]W. Hong, T.-S. Chen, e H.-Y. Wu, "An improved reversible data hiding in encrypted images using side match," *IEEE Signal Process. Lett.,* vol. 19, no. 4, pp. 199-202, Abr. 2012.

[28] Mehmet Utku Celik, Gaurav Sharma, A. Murat Tekalp, "Lossless Generalized-LSB Data Embedding", IEEE TRANSACTIONS ON IMAGE PROCESSING, VOL. 14, NO. 2, FEVEREIRO DE 2005.

[29] Mehmet Utku Celik, Gaurav Sharma, A. Murat Tekalp, "Lossless Watermarking for Image Authentication: A New Framework and an Implementation", IEEE TRANSACTIONS ON IMAGE PROCESSING, VOL. 15, NO. 4, ABRIL 2006.

[30] W. Puech, M. Chaumont e O. Strauss, "A Reversible data hiding method for encrypted images" *Proc. SPIE*, vol. 6819, pp. 1-9, Fev. 2008.

[31] Yongjian Hu, Heung-Kyu Lee, e Jianwei Li, "DE-Based Reversible Data Hiding With Improved Overflow Location Map", IEEE TRANSACTIONS ON CIRCUITS AND SYSTEMS FOR VIDEO TECHNOLOGY, VOL. 19, NO. 2, FEVEREIRO DE 2009.

[32] Xinpeng Zhang, "Separable Reversible Data Hiding in Encrypted Image" IEEE TRANSACTIONS ON INFORMATION FORENSICS AND SECURITY, VOL. 7, NO. 2, ABRIL 2012.

[33] Xinpeng Zhang, "Reversible Data Hiding With Optimal Value Transfer", IEEE TRANSACTIONS ON MULTIMEDIA, VOL. 15, NO. 2, FEVEREIRO DE 2013.

[34] Xiaolong Li, Weiming Zhang, Xinlu Gui, e Bin Yang , "A Novel Reversible Data Hiding Scheme Based on Two-Dimensional Difference-Histogram Modification", IEEE TRANSACTIONS ON INFORMATION FORENSICS AND SECURITY, VOL. 8, NO. 7, JULHO 2013.

[35] K. Ma, W. Zhang, X. Zhao, N. Yu, e F. Li, "Reversible data hiding in encrypted images by reserving room before encryption," *IEEE Trans. Inf. Forensics Security*, vol. 8, no. 3, pp. 553-562, Mar. 2013.

[36] Z. Qian, X. Zhang, e S. Wang, "Reversible data hiding in encrypted JPEG bit stream," *IEEE Trans. Multimedia*, vol. 16, no. 5, pp. 1486-1491, Aug. 2014.

[37] Chuan Qin, Chin-Chen Chang, Ying Hsuan Huang e Li-Ting Liao, "An Inpainting- Assisted Reversible Steganographic Scheme Using a Histogram Shifting Mechanism", IEEE TRANSACTIONS ON CIRCUITS AND SYSTEMS FOR VIDEO TECHNOLOGY, VOL. 23, NO. 7, JULHO 2013.

[38] Zhicheng Ni, Yun-Qing Shi, Nirwan Ansari, e Wei Su, "Reversible Data Hiding", IEEE TRANSACTIONS ON CIRCUITS AND SYSTEMS FOR VIDEO TECHNOLOGY, VOL. 16, NO. 3, MARÇO 2006.

[39] Xiaolong Li, Bin Yang, e Tieyong Zeng, "Efficient Reversible Watermarking Based on Adaptive Prediction-Error Expansion and Pixel Selection", IEEE TRANSACTIONS ON IMAGE PROCESSING, VOL. 20, NO. 12, DEZEMBRO DE 2011.

[40] Wei-Liang Tai, Chia-Ming Yeh, e Chin-Chen Chang, "Reversible Data Hiding Based on Histogram Modification of Pixel Differences", IEEE TRANSACTIONS ON CIRCUITS AND SYSTEMS FOR VIDEO TECHNOLOGY, VOL. 19, NO. 6, JUNHO DE 2009.

[41] Jun Tian, "Reversible Data Embedding Using a Difference Expansion", IEEE TRANSACTIONS ON CIRCUITS AND SYSTEMS FOR VIDEO TECHNOLOGY, VOL. 13, NO. 8, AGOSTO DE 2003.

[42] C.Anuradha, S.Lavanya," Secure and Authenticated Reversible Data Hiding in Encrypted Image", International Journal of Advanced Research in Computer Science and Software Engineering, Volume 3, Issue 4, April 2013.

[43] Dr. J. Jagadeesan, Sr. Balika J. Chelliah, Nikhila Nyapathy, Neha Tiwari, "Esconder dados reversíveis em imagens encriptadas utilizando a técnica de encriptação de dados AES", Revista Internacional de Investigação Emergente em Gestão e Tecnologia, Volume-3, Edição-4, abril de 2014.

MIX
Papier aus verantwortungsvollen Quellen
Paper from responsible sources
FSC® C105338

Printed by Books on Demand GmbH, Norderstedt / Germany